経営道

100の教え

経営コンサルタント
市川覚峯

Discover

はじめに

経営には術・法・道がある。

この本には、「道」を求め「道」を極めようと願う経営者・管理者のために、経営道のあり方をまとめた。経営道を歩まんとする経営者・管理者は、まずは理念・思想をしっかりと持ち、それを経営・管理の活動を通じ実現していかねばならない。

経営道を歩む経営者・管理者は、経営を通じて自己の「人間力」の向上に心がけていただきたい。それは華道や茶道の宗匠たちがお茶やお花を通じて何十年もの間、自己の人間形成の道を求め続けているのと同じである。

経営道を歩む経営者や管理者は、日本人が長い歴史の中で築いてきた「日本の美しい心」や「日本思想」を経営の中に織り込み、これを次世代に継承していってほしい。日本が高度成長し「ジャパン・アズ・ナンバーワン」と讃えられた時代の「日本的経営」の素晴らしい面を再び掘り起こし、見直し、発展させていってほしい。

経営道を歩む経営者・管理者は「創業の想い」や「企業理念」を大切にし、その浸透を通して、ゆるがぬ社風づくり、企業文化形成を心がけてほしい。また同時に単なる人材育成にとどまらず、立派な人物を養成し社内を魅力ある人間で埋め尽くしてほしい。社内に「徳人」が多くいて「社徳」を積んでいる企業が「社格」が高く永続的に繁栄していることを忘れてはならない。

経営道を歩む経営者・管理者は株主を意識して売上・利益を追求するのみならず、関わるすべての人々を幸せに導いていただきたい。それは社員をはじめ、お客様でありお取引先であり地域社会の人々である。そうしてこそ、昔より引き継がれた商人道の語る「三方よし」の経営であり、仏教精神でいうところの「利他」の経営となる。

この本は、企業の「人間的側面」に力点を置いて書いた。それは組織の活力の側面であり、社員の人間力の向上や働きがい、やりがい、幸福感の追求であったりする。企業はあらゆる活動を通じて人々を幸せに導いていく使命がある。これを実践している企業を「幸せ創造企業」と私は呼んでいる。

「人は一代、名は末代」という言葉がある。この本を手にした経営者・管理者の方々が自分の代の間に人々に与えた影響が末代の人々に引き継がれ、企業が永続的繁栄していくことを願っている。
この本の横糸には私が産業能率大学の経営管理研究所に勤務していた時代に深めた「行動科学」や「経営管理」の理論がちりばめられている。また四十四歳のときから比叡山、高野山、大峰山などで千二百日間修行を重ね、学び、悟り得たものも縦糸として織り込まれている。

私は経営コンサルタントという仕事を通じ、幸いにもこの四十年近い間に徳の高い名経営者と称された人々と多く接しその教えを受け、心身にしみこませてきた。それらの教えや、企業へのコンサルテーションや経営者・管理者教育の実践経験によって得たものをまとめたのが本書である。

これからの日本を担う経営者や管理者の方々が、本書を自社のみならず産業界や地域社会の発展のために役立てていただき、社風改革のみならず我が国の国風の刷新に役立てていただくことを願ってやまない。

令和元年七月七日

経営コンサルタント（千二百日行者）

市川覚峯

経営道100の教え―もくじ

第1章◉道を求め道を極めよ

第2章◉日本的経営を蘇らせよ

第3章◉企業体質を構築せよ

第4章◉人々から愛される会社にせよ

第5章◉すべての社員に強みを発揮させよ

第6章◉組織に活力を生み出せ

第7章◉部下を育てよ

第8章◉志高く情熱的に生きよ

第9章◉武士道精神を持て

第1章◉道を求め道を極めよ

1 経営の道を極めよ

「人の道」という言葉がある。同様に商人の道、企業家の道がある。いずれも歩むべき正道という意味である。

読者の皆さんはそれぞれの立場で、企業のあるべき姿、経営者のあるべき姿、そして管理者のあるべき姿を日々求め続けなくてはならない。

パナソニック（旧松下電器）の創業者・松下幸之助、京セラの稲盛和夫等、日本の名のある企業家たちは、「企業家としての道」そして「人としての道」を求め続けた。稲盛氏が頭をまるめて仏門に入った話は読者の皆さんもご存知だろう。松下幸之助も様々な宗教団体に学び、「百年の計」や「衆知の経営」などを発信した。

そうした先達企業家たちの足跡をたどり、企業家としての「やり方」でなく「あり方」を学ぼうとする経営者や管理者が私の周りにも多い。

また、先達の企業家のあり方や考え方に飽き足らず、その原点となっている『論語』や『菜根譚』などの中国古典にその道を求める企業家も次第に増えている。

日本のビジネスマンによく読まれている本に、新渡戸稲造が書いた『武士道』がある。日本では武士道と訳されているが、原書名は『ザ・ソウル・オブ・ジャパン』つまり『日本の魂』という本である。

近頃こうした日本人の美しい心や大和魂を失って、ひたすらモノ・金ばかりを求める経営者や管理者が多くなってしまっているのは、寂しいことである。

人としての道、企業家としての道をしっかりとつかみ、自分の理念・哲学として持ったなら、その道をまっしぐらに歩み、その道を極めることである。

単なるテクニックとしてのトレーニングをして極めるのではなく、しっかりとした「思想・理念」「企業家としてのあり方」を根に据えて、自己の道、プロの道、企業家としての道を極める努力を続けたいものである。

人としての道、企業家としての道を求め続ける。

2　経営術でも経営法でもなく経営道のリーダーたれ

世の中の多くの経営者や管理者は、ノウハウやテクニックなど、目先のハウツーを求める傾向がある。しかし剣にも「剣術」「剣法」「剣道」があるように、経営にも「経営術」「経営法」「経営道」がある。私は経営道協会の創設者として、「道」の経営を称える使命があると思っている。ここでもその基本をお伝えしたい。

「本日限り、売り切れ間近」として人々の購買心理を駆り立てるような広告を打つのは「術」の経営である。心理学や行動科学のモチベーション理論やグループダイナミックスの手法を使い、個人のやる気を出させたり、組織の活力を引き出したりするのは「法」の経営である。それらはもちろん否定しない。私も経営コンサルタントとしてこうした「科学的管理法」を用いて企業の指導を行ってきた。

しかし経営者や管理者が人間的に出来上がってしまえば、術（テクニック）や法（科学的マネジメント）を使わずとも、人々がその人望に引き寄せられ、想いに添いしたがって動いてくれるようになるものである。

「道のリーダー」になるためには大事な要素がある。それは、きちんとした自分なりの理念・思想を持っていること。たとえば「人に喜びを与え、共に幸せになる」「共存共栄の経営」「儲ける経営でなく儲かる経営」などの言葉には経験に裏付けられた商売や経営の理念・思想・哲学がある。この中には創業者の教えを継承したものや、先達企業家の教えに学んだ考え方や、論語や武士道の教えなどに基づくものもある。

「道」の経営者や管理者は、この教えの方向に向かって日々努力し、まるで修行者のように日々自己を戒め、仕事に取り組み、また人間力を磨いている。それは茶道や華道を四十〜五十年続けている人たちがお茶やお華の「道」を通して自己の人間力を磨いているように、経営者は経営活動を通じて人間力を磨いているのである。

ハウツーを求めるのではなく、理念や思想を学んで人間力を磨く。

3 日本人らしい「和魂」「士魂」を持って経営せよ

「和魂洋才」「士魂商才」という言葉がある。欧米的なマネジメント・テクノロジーや、マーケティングのサイエンスなどを駆使して金儲けに走るのは結構だが、きちんと和の魂、日本人らしい心を持って経営や商売をしなさいという意味に捉えるべきであろう。

近頃は日本人のアイデンティティ・クライシスといわれる時代であるが、私は「日本人は日本人らしく」日本の美学を失わないでビジネスや経営をしてほしいと願う者の一人である。

「近頃の日本人は欧米化されすぎて、顔は日本人の顔かたちをしているが、心の中や考え方はすっかり欧米的な発想やあり方をする人間になっている」と語る識者がいる。

確かにグローバル化が進む中で欧米型を志向するのは結構だが、日本人の魂まで売らないでほしい。

明治の時代、商工会議所や東京商科大学（一橋大学）をつくった渋沢栄一は「士魂商才」を訴えた。

「商売の才能を発揮するのは結構だが、日本人らしい武士の魂を失って、金儲けに走ってはならない」

彼が好んで使った言葉は「右手に算盤、左手に論語」である。

ソロバン片手に金を求めて走り回るのは結構であるが、「利を見ては義を想う」「財を生ずるに大道あり」といった論語の心を失わないようにというわけだ。

右手にソロバン、左手に計算機を持ち、身動きが取れなくなっている経営者が私の周りにもいる。そんな経営者の片手には、論語ならぬ本書を握らせて道をあやまらない経営をすすめたいものである。

日本人の美学を重んじ、金儲けだけに走らない。

4 「想魂錬磨」で企業家魂を磨け

想魂錬磨とは、想いを錬りあげ、魂を磨くということである。

もしあなたが、想っていることが成就できないとすれば、それは想いが甘いからである。磨きあげられ、錬りあげられた、強い想いさえあればどんなことでも達成できるというものだ。


この想いは明けても暮れても想い続ける想いである。

「こうしよう」「いやこの方がいい」「こうしたらこうなる」「だから今からこのように手を打とう」と想って、想って、想い続けることである。

この想いを捨てない限り、必ずその想い通りの成功に導かれるに違いない。昔から多くの人が「成功とは、成功するまでやり続けることである」と語る。

何か手を打って、たとえ失敗しても、想いが強い限り、その失敗を糧に失敗から学習し、そのことを次に活かし、さらに強い想いに錬りあげて挑戦し続けるに違いない。

したがって想いが錬磨され続けている限り、すべての活動がその想いを遂げる過程であり、失敗は、単に想いを遂げるための貴重なる学習として捉えられるのだ。

「想魂」の「魂」とは、大工魂、芸術家魂、企業家魂と呼ばれる。プロとしてのスピリットのことである。

磨きあげられた魂を持つことが大切であり、プロの企業家は日々、仕事や活動を通じて、企業家魂を磨き続けている。

「克己心」という言葉がある。これは「己に克つ」という意味である。くじけそうになる心を「負けるな、折れるな、自分はプロだ！」と持ち上げ、復帰させるのは磨きあげられた魂である。

日々の活動の中での想いと魂を錬りあげ続けたいものである。


明けても暮れても想い続ければ、失敗を重ねても最後には成就できる。

5 自分より先に相手に利を与えよ

「最も人を幸せにする人が、最も幸せになる」と訴えたのはオムロン（立石電機）創業者の立石一真である。

利益は社会に奉仕した証である（ご褒美である）とパナソニック（旧松下電器）創業者の松下幸之助は語った。

「利他の経営で、自利利他円満」と江戸商家の教えにある。大丸百貨店の理念はいまだに「先義後利」である。

ここでいう利を「幸せ」と私は訳したい。つまり自己の幸せは、他を幸せにした結果として味わえるもの、ビジネスに置き換えていうならば客の利益をまず考えて、一所懸命活動し、その結果としての利益となって表れるというわけである。

カスタマー・サティスファクションつまり「顧客満足」や「顧客感動」などをどの企業で

も訴えて、何年も経過しているが、私は表面的な客の笑顔を獲得するような商売でなく、真に相手のことを想い、相手の幸せを実現するような経営でないと、一時的に発展することはできても、企業の永続的繁栄には結びつかないと考える。

比叡山の開祖、伝教大師・最澄が「忘己利他＝己を忘れて他を利するは慈悲の極みなり」と伝えている。ここに言う「慈悲」を翻訳すると「抜苦与楽」といって相手の苦を抜き、楽を与えることだろう。お客様が問題と思っていることを解決したり、部下の悩みや苦しみを抜き去ってハッピーな状況をつくってあげることである。

近頃の人手不足の中、定着しない社員に悩んでいる経営者や管理者が多い。それはその職場がハッピーでやりがい・働きがいを持って取り組めるような環境にないからではなかろうか。

職場におけるメンバーの「抜苦与楽」をしっかりとして、皆が幸福を感じ、喜んで仕事に取り組めるようにしたならば、マネジメント側にも幸福がめぐってくるというものだ。

顧客や社員の幸せを先に実現すれば、自分の幸せも実現する。

6 「私利私欲」でなく「公利公益」を考えよ

近頃の大企業が起こす不祥事をみても、中小企業の起こす社会問題をみても、すべて、自社の立場や利を考えすぎるがあまり、社会やお客を偽ってまで身を守り、自己の利のみを追求した結果である。

昭和の時代までの企業家は「公利公益」「国利民福」を考えて事業を営んでいた。

カルピスの創業者・三島海雲は、モンゴルの兵たちが強いのは家の軒先のカメの中にある酸っぱい飲料を飲んでいることによるらしいと考えた。日本の民の健康と国の利を考えると、この乳酸菌飲料を日本に持ち帰って研究し、国民全体の健康促進に貢献しようという強い志を抱く。そして八年半の歳月を使い、膨大な借金を作ったが、あの「初恋の味」カルピスとして完成させている。

パナソニックでは今でも社是の第一条の「産業報国の精神」から読みあげていると聞く

が、これは創業者・松下幸之助が昭和八年に考えた「産業を通じて国に報いる」から始まっている。ソニーの創業精神の「日本再建」をみてもホンダの社是の中にある「日本工業の水準を高め」をみても国のことや公（社会の人々）のことを考えている。

ホンダの創業者・本田宗一郎がピストンを研磨する優れた精密機械を導入しようとしたとき、「親父さん（宗一郎のこと）、そんなことしたら、ホンダが潰れます」と側近の部下が言うと、「ホンダが潰れてもこの精度のいい工作機械はこの国に残る」と大声で叫んだ話は今でも語り草になっている。

これらの事例をみても、自社の利益のみを追求するのではなく、自社の商品やサービスを通して国の利や民の幸福を考え、頑張っていたからこそ、国民全体がその企業のファンになり応援していたのだといえる。

近頃は自己の財のみに目をやる株主の顔色ばかり気にして、社会や顧客の幸福をないがしろにしてしまう企業が多くなってきてしまっている状況を嘆かざるを得ない。

自社の利益のみでなく、国民や社会の利益と幸福を追求する。

7 安易に流される心を敵とせよ

私が尊敬する人物に元経団連会長の土光敏夫さんがいる。「メザシの土光さん」として国民に親しまれた人である。「暮らしは低く、思いは高く」と自らは質素に、国のために尽くした人物である。

石川島播磨重工（現ＩＨＩ）の社長として業績を上げ、東芝の立て直しを見事に成功させ、臨時行政調査会会長に就任し、赤字だらけの国鉄を分割民営化し、ＪＲを誕生させた、国の恩人でもある。

この土光さんは母の代から日蓮宗の信者で、毎日お経をあげた後「我に艱難（厳しくて辛いこと）を与えたまえ」と祈りこんだという有名な話がある。私も毎日お経をあげるのであるが、「〇〇がうまくいき、皆が幸せになりますように」と祈ることはあっても、「私に艱難を与えてください」とまでは祈らない。

土光さんのお母様は強烈なる日蓮宗の信者であり、終戦後間もなく「女性が活躍するように」との願いのもと、「私の香典代わりに今、お金をくれ」と訴え巡って寄付を募り、横浜市鶴見区の畑の中に橘学苑（橘は日蓮宗のマーク）という中学・高校を設立した方である。今でも橘学苑の入り口には「正しきものは強くあれ」という言葉が石に刻みこまれている。お母様の偉業の証である。

確かに、日蓮宗を創設した日蓮上人は「艱難辛苦」に積極的に取り組んだ人物である。その流れを汲んだ土光さんは「艱難こそが不断の人間成長を促す」と経済界の人々に訴えて日本の高度成長をリードし、国の難局を救った。

正しき者が強く進むためには、艱難に突き進む勇気と積極性がどの時代でも必要である。

困難を避けず、むしろ積極的に取り組む。

8 苦しい時は天が与えた試練として取り組め

五十〜六十代の経営者は少年の頃「思いこんだら　試練の道を　行くが男のど根性」とアニメ『巨人の星』の主題歌を口ずさんだものだ。

今の二世・三世の企業家たちは、思いこみはなく、試練の道は避けてなるべく安易な道を選び、苦しくなったら途中で投げ出してしまうような根性なしが多い。だから私が主催する若手企業家塾の宴席では、時々この歌を全員で歌うことがある。

私は「厳しいこと、苦しいこと、大変な課題はすべて、天（神様、仏様、ご先祖様）が与えた試練であり、これを乗り越える人間かどうか試されている。これは試練なのだから頑張って乗り越えてください」と教えている。

この試練を通じて苦しみ悩んだ後に、その過程から学んだもの、身につけたもの、後に活かせるものが必ずたくさんある。次のステップに飛躍させるために、天が与えてくださった学びと人間成長の機会なのである。天の命に添いしたがって行動するべし、である。天から命令されて成すべきことを「天命」という。キリスト教を信仰する欧米の経営者や管理者には「召命感」という言葉を好んで用いる人がいる。これは「自分は神に召され仕事をしている」という考え方である。

召命感を持った人々は「私の目前にあるこの課題は神に召されて、実践し成功させよと言われている課題であるので、何が何でもやり切らなければ神に申し訳ない。やり切らなければ神の命に背くことになる」という捉え方をしている。

何事も神から与えられた試練の場として取り組むことにより、人間力が向上し立派な人物となっていけるのである。

試練から得られるものは大きいと信じて取り組む。

9 あらゆる場を自己修錬の場とせよ

「今ここ道場・今これ行」という言葉は私の好きな言葉である。今こうして原稿用紙に向かっているのは私にとって行であり、私が執筆しているこの部屋が修行道場である。

仕事を単に作業として機能的にこなす人と、一つひとつを修行として、自己修錬の機会として取り組む人とでは、その人の人間力の向上にとって大きな違いが出てくる。

私が比叡山で修行をしていた時のことである。私は僧としての下座行として、毎日トイレ掃除を担当させられていた。寺の外にあるトイレだったので、時々掃除のおばさんが掃除に来ていた。

当時四十四歳で山に上がった私は、トイレ掃除が大嫌いで毎日いやいややっていた。それを見抜いた師匠の阿闍梨に、夜になって呼び出され、問い詰められた。

「掃除のおばさんとお前の掃除はどう違うか」「三か月たったらどうなる?」

そう問われた私が「一時間八百円で一日五時間、二十日間働いているパートのおばさんは八万円になります」と答えると「おまえはどうなんだ」と問われ、「私はただです」と答えたら、えらく怒られたものだ。

つまり掃除のおばさんは「お金のための作業」、私は「修行のための作業」なので、トイレ掃除を修行としての心構えを持ってしっかり取り組まないと、単に日々の日程消化の作業となってしまうというわけだ。

そうした考え方を持って振り返ると、私たちは単に仕事を作業として消化しているような場面が多いのではないか。「仕事は仕事、人間力づくりは別の場で」と考えがちなのである。しかし、まさに「今ここ道場・今これ行」として日々の仕事と取り組んだならば、著しい人間力向上につながるに違いない。

私は時々、比叡山の阿闍梨と掃除のおばさんの顔を思い浮かべ、「今これ行！」を自己と周りの人々に言い聞かせている。

日々の仕事すべてを自己修錬の修行として取り組む。

10 歴史に爪痕を残せ

「歴史に爪痕を残す」ようなことを成し遂げた人間は後々まで語り継がれる。

「日本で初めて○○を手掛けた男」「業界初の○○を開発したチーム」「我が社の組織の大変革の仕掛け人」などと、どの会社にも、どの業界にも、語られる人物がいる。

「人は一代、名は末代」といわれるが、末代まで「実はあの人が○○を」と語られるようなしっかりとした爪痕・足跡を残すような仕事をしたいものである。

そうした人物は、既成概念やしがらみを超え、リスクを恐れず新しいことに創造的に挑戦し続けた人物である。

彼らは不思議なことに共通して次のように思い込んでいる。
一、どんな困難なことでも自分の力をもってすれば成功に導くことができる。

二、どんなに反対にあっても、正しいこと・皆の望むことであれば、成就できないことは絶対にない。
三、自分は実践力があり、困難にも強く、そして運がいい人間である。

これらは心理学的には「自己効力感」といわれている。彼らはすべてのことを肯定的に捉え、言葉の上でも「できる、やれる、面白い、楽しい」など肯定的な語を好んで使っている。決して「ダメだ、弱った、困った、最悪だ」などの否定的な語を使うことはない。
要するに何か歴史に爪痕を残すような大きなことを成し遂げるためには、何事もやり続ければできるという信念・確信を持ち、未踏の地にも足を踏み入れる勇気を持ち、起きることすべてを肯定的に捉え、「自分は運がいい人間だから」という自己効力感とともに他人のためになることに取り組むことだ。努力し続けたなら天が見捨てるわけがないという、信仰に近い確信を持ち続けていることにも気づかされる。

「自分は運がいい」と信じ、起きることすべてを肯定的に捉える。

11 何事も美点を見る習慣を持て

人の欠点や問題点ばかりを見つけたり指摘したりしているような職場や企業に行くと、がっくりと疲れることがある。コンサルタントとして出向いた私に対しても、問題や欠点を見つけて評価しようとする目を感じるからである。

管理者研修でホワイトボードの前に立って話していると、「字が汚い」「誤字を二つもした」といった調子で欠点を暴くような人々が大勢いる会社さえもあるのだ。

これとは逆に、私の話に皆が乗ってくれるような会社もある。「先生の講義はリズムがいい」「ずばりずばりと話し、伝えたいことが明瞭でわかりやすい」「あっという間に一時間が過ぎてしまった」などと私の話し方の美点をよく見てくれている。

こういう会社の管理者研修なら、こちらも乗って楽しくできるというものだ。人の欠点を見る癖を持っているか、美点を見る癖を持っているかで世の中の見えてくるものが違ってくるし、自分の幸福感も違ってくる。

読者の皆さんには、目の前にいるすべての人・モノ・情報の、良い点だけを切り取って生きる人生をおすすめしたい。

悪い点・問題点・欠点ばかりに目をやって生きていると、自分はなんて嫌な人や嫌な仕事、嫌な製品に囲まれ、嫌な会社にいるものだと不幸感でいっぱいになってしまうものである。

「美点良観」というが、良いもの・美しいものばかり見て生き、良かったことだけ思い出して生きていれば、一生幸せな人生を送ることができるのだ。

人やモノの欠点や問題点ではなく美点だけを見て生きる。

第2章 ◉ 日本的経営を蘇らせよ

12 日本的経営を思い出せ

昭和の時代、小国日本はGDP世界第二位となり、「ジャパン・アズ・ナンバーワン」ともいわれた。その頃は経営者も従業員も一丸となって、会社の成長と発展のために頑張っていた。当時の経営のあり方は「日本的経営」と称され、諸外国からも注目を集めた。以下にその特性を挙げてみる。これらの中から二、三項目でも自社に合致するものを取り上げて組み合わせたならば、望ましい効果が上げられるだろう。

日本的経営の特徴の第一は「愛社精神」である。みんな自分の会社が好きだった。そして社員はまるで経営者になったつもりで「当事者意識」を持って会社の成長のために取り組んでいた。それらはベースに「和の精神」があり、「家族主義的経営」を行っていた。

もともと日本人は農耕民族で、みんなで力を合わせて物事を達成しようという「共同体意識」が強い。だから「うちの会社」「うちの職場」と言い、何をやるにも一体感を持ってチームワークで進めようという「集団主義経営」をしていた。物事を決めるときは前もってその意味・意義を個別に伝えておく「根回し」が盛んに行われた。みんなで心一つに同じ方向に向かって歩もうという「コンセンサス方式」である。

トップダウン経営も行われていたが、みんなの意見を聞く「参画型経営」も多かった。特に工場の現場などでは「小集団活動」といって四、五人のグループで改善活動を行い、品質向上やコストダウンを心がけていた。会社には「社是・社訓」や「企業理念」が明確に示されており、朝礼時にはそれをみんなで唱和し、会社の想いを歌詞に含めた社歌を声高らかに歌い、みんなの気持ちを一つにしていた。「少数精鋭」「自主管理」などの言葉もさかんに使われ、従業員一人ひとりがまるで経営者になったつもりで日々挑戦していた。職場での飲み会なども毎晩のように行われ、「人間関係」を大切にしていた。

経営者は「社風をつくる」を大事にし、会社の品格・美風を守り、不正を最も嫌っていた。

日本的経営の良い要素を蘇らせ、現代に応用する。

13 社員を家族と思え

日本的経営というと「終身雇用」「年功序列」「企業内組合」の三点をことさらに取り上げ、「古い」とか「時代にそぐわない」などの論議をする人がいる。しかし日本的経営を語るときは、方法論だけではなく経営に対する「考え方」や「思想」を見つめなくてはならない。

先に挙げた経営の「三種の神器」が生まれた背景には、日本人独特の思想・文化・習慣がある。たとえばそれは「社員を家族と思え」という考え方である。家族なので子どもをクビにはしないし、弟は兄を立てる長幼の序の精神で接する。また、親子で激しい条件闘争はしないものだ。終身雇用も年功序列、企業内組合も当然の流れであった。

そもそも、日本の企業は家族的な商家や家内工業から生まれてきているので、どの会社も社員は家族のように思い「我が子や兄弟であったらばどう扱うか」といった愛をベースにした組織であった。

私は「鶴の恩返し」の物語に代表されるような「感謝報恩の精神」や仏教の流れを汲む「利他の経営」「三方よし」といった、日本人の情緒や思想を大切にした経営を行わなければならないと考えている。

「易不易」という言葉がある。経営をする上で変えるべきものもあるが、変えてはならないものもある。グローバル化の中で、環境の変化に常に企業が揺さぶられている。当然のことながら多くのものを変革していかなければならない。しかし、日本人として長い間守ってきた美しい考え方は変えるべきではないと考える。

むしろ諸外国の人たちにも、我が国が誇る日本的経営の考え方ややり方を積極的に発信し普及したいものである。

日本的経営の背景にある日本人独特の思想・文化を大切にする。

14 「和をもって貴し」とせよ

聖徳太子の十七条憲法の中にある「和をもって貴しとなす」という言葉を大切にしたい。日本人は争いごとを好まず、みんなで力を合わせ心を一つにして物事を成し遂げようという想いが強い。

一時、アメリカからディベートといって論理と言葉の力をもって相手を言い負かすという手法がビジネスの中に入ってきたが、日本ではあまり好まれなかった。それよりは相手の立場になって相手の気持ちを察して行動するという「アクティブリスニング（積極的傾聴法）」などが好まれてマネジメントに導入された。

職場の中でもむやみに争うことを好まず、部門間においても余計な葛藤をなくし丸く収めようという気風が日本の職場にはある。みんなで話し合い、分かち合い、お互いの立場や背景をも理解し合おうとするのである。

そのためにはコミュニケーションを大切にして納得のいくまで語り合い、人間関係を深める「理解と納得の経営」を進めていくことだ。

ここでは「納得のプロセス」が重要である。上司が部下を強引に説得し、「わかったね!」と理解をさせたつもりであっても、部下たちは頭では理解したものの、腹まで落ちて納得していないので不満がくすぶり、実施過程で決められたことが骨抜きになってしまうようなケースがよくある。

私は職場開発の指導をするとき、職場のメンバー全員で納得のいくまで語り合うことを推奨し、それを「有効な無駄時間」と言っている。一見、無駄に思えるが、最終的には効果を発揮するのである。

こうしたやり方は単に効率的・合理的に生産性を上げ、利益を追求しようとするのではない。働くメンバーのやりがい、働きがい、幸福感につながっていくものである。

職場のメンバーの納得を大切にし、人間関係を良好に保つ。

15 常に相手の利を追求し続けよ

「お客様第一主義」や「社員の幸せをまず考える」などを訴える経営者の多くが「利他の心」を大切にしている。利他とは他者の利（メリット・幸せ）を先に考えることである。ときには「忘己利他」ともいい、己を脇において、相手の利をまず先に考える精神である。「最も人を幸せにする人が、最も幸せになる」と説いたのはオムロンの創業者・立石一真である。取引先の幸せをまず考えなければ、事業は成り立たない。いかに取引先を幸せにしていくかを考えることが必要だ。立石は「社会から見れば、利潤とは自分たちに奉仕してくれた経費として企業に支払われるものなのである」と、利潤経費説を訴えた。

桃太郎便でおなじみの丸和運輸機関の創業者・和佐見勝氏は、創業時から「利他の心」を訴え、「お客様第一義」を基本に「私たちが売るものは〝感動〟と〝満足〟です」「報恩感謝こそ幸福の基」との教えをもって、トラック一台からスタートし、一代で一部上場企業まで導いたのである。

このように日本的経営の考え方は、利潤は社会やお客様に貢献した結果であるので「客の利を考え続けなさい」「売上があがらないと嘆く前に自分たちの社会への貢献の至らなさを反省しなさい」と戒められた。江戸時代からの、売ってよし、買ってよし、世間よしの「三方よし経営」も「三方にメリットがあり幸せにならなければならない」を主張したものである。

欧米から輸入された利益追求型のマネジメントに翻弄されて、自社の利益のみをひたすら追求した結果、お客様を犠牲にし、社会を偽り、不祥事を起こしている企業を近頃は多く見受ける。

経営をする上で最も大切なことは「関わる人すべてに利を与え幸福にした上での、自社の利潤確保でなくてはならない」ということである。

関わる人すべての幸福をまず考え、自社の利は後にする。

16 相互理解の経営を実現せよ

日本では昔から「根回し」といって、実現しようとする事柄の背景や理由を前もって関わりの深い人や意思決定者である上層部に説明し理解を求めておく慣習があった。

また「稟議制度」は今でも多くの企業で行われている。稟議書にそのことを実施する理由や背景、得られる成果などを現場に近い担当者が仔細に記入し、ボトムアップ的に上層へ上げていく。係長、課長、次長、部長、本部長、常務とたくさんの印が押され決定されていく仕組みである。

こうしたプロセスでその内容をみんなが知り、合意形成を行う方法が取られている。これは「やろうとしている事案について皆が理解し合おう」また「公式な会議の前にその事実や理由、背景などを伝え合い分かち合おう」としているわけだ。

関わるメンバーが「なぜ、今そのことを行うのか」、背景や理由を理解することにより、それぞれの組織の立場や利害を超えて大局的にお互いの立場をわかり合い、共感し合って気持ちよく物事を進めていくのである。

ところが近頃では、自分の組織の利害が先に立ってしまい、本音を隠してもっともらしい建前を前面に出していきがちだ。セクショナリズムが高まり組織間の壁が出来てしまっている。全社的・経営的な視座に立って、物事を一体感と連帯感を持って進めようという気風が希薄になってきているのだ。

お互いの立場や相手方の組織を取り巻く状況を理解し合って物事を進めていく「相互理解の経営」を実現すべきである。

伝統的な「根回し」「稟議」の意義を再認識する。

17

集団主義の経営を心がけよ

昔から、強い組織・常勝するチームには共通する特徴がある。それぞれのメンバーが持つ個性や強みを生かし、適材適所で能力を十分に発揮できる状況にしているのだ。

また組織のメンバーは自分の役割をよく理解し、相互のコミュニケーションを深めながら一丸となってやり遂げようとしている。

「欧米人は個と個の戦いには強いが、日本人は集団で戦ったら絶対に負けることはない」といわれている。確かに、日本人の一丸となった姿には力強さが潜んでいる。

日本には「三人寄れば文殊の知恵」という言葉があり、「三本の矢」の精神がある。管理者やリーダーは個々のメンバーが持っている強みのみならず、情報やノウハウ、問題意識などを共有化し、みんなのベクトルを合わせ、一体感を持って仕事を進めていく努力を怠ってはいけない。

私たち日本人は本来、チーム力によってシナジー効果を出し、みんなの勢いで事を成し遂げるのが得意だ。そうした集団主義をうまく引き出してコントロールしたい。和気藹々と幸福感を味わいながら、しかも強力に事を成し遂げるような組織づくりをしていきたいものである。

個々の強みを引き出し、発揮させる環境をつくる。

18 自律型の職場をつくれ

欧米では強いリーダーによるトップダウン経営が行われてきた。それに対し日本では、現場の人たちがそれぞれ同じように強い経営意識を持ち、それぞれの立場から参画するボトムアップ経営を行ってきた歴史がある。

現場の人たちが問題意識を持ち、提言や課題を上層部に伝える。またときには「権限は与えられるものではなく、奪うものである」と考え、自主的・主体的に判断して仕事を進めてしまうようなところがある。

こうした職場は上下の信頼関係が強く、思い切った権限委譲がなされている場合が多い。上層部も細かい指示命令を出すことは少なく、職場のメンバーは自分たちで考え、自分たちで決定し、それを責任を持ってやり遂げるという動き方をしている。

学会などで発表されている組織論を見ても、「環境変化に即応力のあるエクセレントカンパニーはサブエレメントである各組織や職場が自主的・自律的に活動を続け成果を出している」と紹介されている。

経営者や管理者はこうした「自考自走（自分たちで考え、自分たちで走り出す）型組織」や「自己コントロール（自律）型組織」を多くつくっていかなければならない。

日本の職場での調査によると、上から指示命令が強い形で下ろされてくるトップダウン型組織よりも、みんなで情報収集しみんなで考えみんなで決定して進める参画型組織の方が、実施段階で行動のスピードも早いし、責任意識も高まり、成果もあがる。また彼らの働きがい・やりがいなど幸福感も高いという結果が出ている。

こうしたことからも、これからの経営者・管理者は自律型の職場集団をつくりあげ、皆で経営に主体的に参加するボトムアップ経営をしていくことが求められる。その方が変化への即応力を高めることができ、会社の永続的繁栄に結びついていくはずだ。

上からの指示命令によらず、自主的・主体的に考え判断する職場をつくる。

19 夢と大義を掲げよ

私はコンサルタントの仕事を始めて四十年近くなるが、近年では様々な会社を訪問し幹部や若い人と話しても、夢を語ることが少なくなっていることに寂しさを覚えている。

会社の問題点あるいは上司や他部門への不平不満を語り合うことは多いようだが、胸がときめき血湧き肉躍るような夢や志を語り合うシーンを見ることが少なくなってしまった。

少し前までの経営者・管理者は、もっと若者たちに積極的に夢を語らせていたと思う。そしてまた会社の将来ビジョンも、まず若者たちに描かせて、それを取締役会で話し合うようなやり方も一時は多く見られた。若者たちに夢を託す経営が多く行われていたというわけだ。

近頃では株主第一主義が横行し、コンプライアンスや労働時間の短縮などが求められて組織活動のリズムが枠にはまってしまうような状況もあってか、経営者や社員が一つになって夢を語り合うような場面が少なくなってしまいつつある。

「我が社はこうなりたい」「我が社はこうあらねばならない」といった使命やビジョンを熱く語る場面を、経営者・管理者は意図的につくっていきたいものである。

以前の日本的経営は、大義が多く打ち出されていたところに特徴がある。「日本経済の復興のため」「日本の技術の向上のため」「この製品を通じて多くの人々を便利に幸せにするため」といった大義を掲げ、その旗印のもとに皆が一丸となって企業経営を行っていた。

現在では株主の顔色を窺いながら短期的な利益を出し続ける欧米型なマネタリー経営の影響を受けて、まるで利潤をあげることのみが企業の目的であるような風潮となってしまった。金儲け第一主義で活動している経営者や管理者を見るにつけ、寂しい気持ちになってしまう。

経営者や管理者は長い目、広い目で企業の未来を見渡し、大義を掲げ、若者たちに夢を語らせるような経営を推し進めてほしい。

若者たちに夢やビジョンを描かせる。

第3章◉企業体質を構築せよ

20 千年繁栄のために社風をつくれ

私は「企業を百年繁栄させるためには人材育成が大切だが、千年繁栄のためには社風づくりが大切だ」と訴えている。

そのために企業理念づくりと理念を浸透させて社風を形成するコンサルテーションを数多く手掛けてきた。

社風は企業文化（コーポレート・カルチャー）とも呼ばれる。その企業の人々が一貫してとっている行動や、その背後にある規範や価値観、仕事観、人間観などを指す。その企業の社員たちのビジネスに関わる生き方といってもよい。それが核となって、会社の行為、行動、またお客様に対しての接し方として表現される。

人の心や価値観は、目で見ることはできない。しかしそれが、接客やサービスの場面での振る舞い方として表出されたとき、表に出てくる。また、製品や技術にも表れてくるものである。

昭和の時代、ソニーやホンダは「人のやらないことをやる」「他の人が困難だとして、避けて通るようなことに果敢に取り組み、それを創造し製品化して人々を感動させる」という想いや価値観を持ち、それを社風として、日本企業のリーダー格に躍り出た。

経営者の想いや企業理念を社員全員が共有化し、同じベクトルに向かって進んでいって、初めて強固な社風の確立がなされる。二代目や三代目の経営者が「父や祖父の考え方は時代に合わない」などと語る会社が永続的に繁栄したためしはない。

彼らは駅伝で言うならば二番目、三番目の区間ランナーである。次の世代にしっかりとした社風という見えざる資産を形成して引き継ぐことが最も大切な役割となる。

企業の理念を確立し、社員に浸透させて社風を築く。

21 外に目を向け挑戦せよ

私は前項で述べたように「社風を確立すれば千年企業となる」と社風づくりの大切さを強調している。すると、「どんな社風をつくったらいいですか?」と問われることが多い。

私は「外部に目を向け、挑戦・創造する社風、革新を好む社風づくりをせよ」と答える。

外部に目が向いていない組織は、内部の細かいところばかり見ている組織となる。すなわち上層部の顔色を窺ったり他部門の足を引っ張ったりという行為が横行するのだ。また、過去の前例に目を向けそれを最も大切にする「前例重視主義」「事なかれ主義」がはびこりもする。

われわれは常に外部にいるお客様の変化を見つめ、お客様からの自社への期待を確認し、また市場の動向や競合他社がどのような手を打っているのかを注視していなければならない。

このように外に目を向けるようになると、それにより把握した変化に対して創造的に挑戦し、自社の変革を行わざるを得なくなるものだ。お客様からの要請や市場が変わってきているわけだから、今までのことを今まで通りに行っていては、お客様の満足を得られるわけがない。みんなで知恵を出し合い、創意工夫し、たとえ未踏の地であってもリスクを恐れず挑戦する必要がある。

長い間のコンサルタント生活を通じて、私が一番問題だと思うのは「変革を好まない組織」である。保守的であり、安全重視の姿勢がはびこっている。今までにないことを行うことをなるべく避け、無難にその日その日を過ごそうとしている。

市場やお客様を直視したならば、こんなことが許されるわけがない。われわれ経営者や管理者は、絶えず外部環境の変化に目を向け、革新を好む社風づくりをしていかねばならない。

お客様からの要請や市場の変化に常に目を向け、自社を変革していく。

22 絶えず新しい道を切り拓け

昔も今も、発展している企業は絶えず新しい道を切り拓いている。今まで来た道を今まで通り歩くのは確かに安全で楽かもしれないが、その先に発展や成長は望めない。絶えず新しい道を、勢いをもって切り拓き続けることが大切である。

新しい道を切り拓くということは、それなりのリスクも伴い勇気が必要だ。また果てしない創意工夫の連続となる。

私が長い間関わっているミクロ技術研究所という会社がある。この会社は携帯やカーナビの画面のグラスに色を印刷するという事業を行っている。創業者は「創意自拓道」つまり「創意自ずから道を拓く」という文字を額にして各工場の事務所に掲げた。絶えず創意し続けることが必ず道を切り拓くと訴えたのだ。

この会社はもともと鏡に絵を描く技術を持っていた会社であるが、昭和の頃に液晶が出現してからは何十年も液晶技術に取り組んだ。そして平成の初め頃には世界の携帯電話の三十パーセント近くはこの会社の技術によってグラスの裏面に配線を印刷していたというから驚く。

道を切り拓くとは、今紹介したような新技術の開発のみならず、新しい生産方式の開発、新サービスの開発、取引先の新規開拓などすべての面で道を拓くことである。

道を拓き続けることをよしとするような社風をつくり、全社員一丸となって道を拓いていくことが重要である。そのために経営者・管理者は率先垂範し、自らの後姿を社員が見て勇気を持ち未踏の地に挑むような見本にならなければならない。

私は山伏の修行に経営者の皆さんを連れて挑むことが多い。そこでは必ず、ベンチャー・スピリットのトレーニングと称して、道なき道、未踏の草原や林の中に分け入っていく。自ら道を切り拓いて進んだその先には、美しい花が咲き乱れる景色が広がっているのである。

新技術・新サービスの開発や新規開拓を常に続ける組織をつくる。

23 変えるべきものと変えてはならないものを区別せよ

「易不易」という言葉がある。変えるべきものと変えてはならないものがあるという意味である。若い経営者・管理者の中には、イノベーションの名のもとに、変えることがすべて善であるかのように行動している人間がたくさんいる。

二世経営者が「オヤジのやっていること、言っていることは古い」などと言って父親である創業者の教えや想いを否定し反発した活動をして、結局失敗しているケースにはよく出会う。時代が変わっても変えてはならないものもあるのだ。

実際、創業者の教えの中には素晴らしいものが多い。私もコンサルタントとして様々な企業に入って改善活動をしてきたが、創業者が歩んだ道を耳にするたび頭が下がる。そこには苦修錬行の物語がある。そうした体験の中から導き出された経営理念は素晴らしく、その企業らしい立派な社風を形成し発展している。

東京コカ・コーラの経営理念づくりのお手伝いをしていたとき、私は創業者・高梨仁三郎の「人に喜びを与え一緒に幸せになろう」という教えに感動した。仁三郎が残した自筆の額には「これからの世は人に喜びを与え一緒に幸福になることで生きていければ、それが一番いい。それはできると私は思う。だからそれをやろう。一緒にそれをやろう」と書かれ全職場に配布されていた。二代目社長を継いだ高梨圭二氏はこの言葉を大切に、「創業の心」としてそのまま残し、新しい企業理念としては「人と人との絆を大切にし、あらゆるシーンでさわやかさを演出し、潤いのあるくらしづくりに貢献します」と創業者の心を入れ、これを浸透させ、様々な成果を残した。

参考まで行動指針を紹介すると「私たちは、お客様の立場に立って自ら工夫し素早く行動します」「持てる力をフルに燃やし、粘り強く可能性に挑戦します」「お互いを尊重し熱き心で語り合い活力ある職場をつくります」「地域社会と環境に気を配り、感謝の心で尽くします」となっている。これらにはいずれも創業者仁三郎の心が織り込まれている。

新しいことに挑戦しつつも、創業者の理念などは守っていくべきだ。

24 「我が社らしさ」を鮮明に打ち出せ

「日本人なら日本人らしい経営をせよ」と私は訴えている。欧米の拝金主義の経営とは異なる経営が、昔から日本にはある。

アイデンティティ・クライシスという言葉が使われて久しいが、これは企業にもいえる。ホンダはホンダらしい車を出してほしいし、スバルはスバルらしい車を出してほしい。かつてはソニーはソニーらしさ、松下電器（現パナソニック）は松下電器らしさを発揮して、人々から受け入れられていた。

「我が社らしさ」とは一体何であろうか。外部の人の目に映る接客の姿や立ち居振る舞いといった、社風・風土かもしれない。

サントリーの創業者・鳥井信治郎が言った「やってみなはれ、やらしてみなはれ」のように行動重視のあり方もその一つだろう。サービスや製品の特性についても、企業らしさは表れるだろう。

最近ではマーケットの動向、つまり一般的なお客様のニーズやウォンツを大切にするあまり、それぞれの企業らしさを失って、皆似通った形の製品やサービスに偏ってきているような気がする。

こうした時代にこそ、単なる差別化とは異なる、「我が社らしさ」を鮮明に打ち出すことが大切である。それはコーポレートカラーやロゴの統一といった表面的なものではなく、商品開発やマーケティング、社風文化などすべてにわたって行われるべきだ。

「らしさ」を鮮明にし、その「らしさ」のファンや信者がついてこそ、企業の安定的な繁栄が期待できるはずだ。


製品やサービスなどすべてに「我が社らしさ」が表れるようにする。

25 自社の強みを前面に出して戦え

「どんなものにも良さがある」「どんな人にも良さがある」「良さがそれぞれみな違う」「良さがいっぱい隠れている」「他人の良さを引き出そう」「自分の良さをささげよう」

これは二宮金次郎さんの考えをわかりやすく伝えようとしたものである。まったくその通り、どんな会社にも良さがある。どんな製品にも良さがある。どんな部下にも良さがある。したがってその良さを発掘し、その良さと良さを組み合わせ、その良さを前面に出して戦うことが今日のような時代には大切である。

会社によっては幹部から若い社員まで自分の会社の製品の悪い点・問題点ばかり表に出して共有化しているような企業があるが、こんな会社には目標を達成する勢いなどありえない。

英語で「コア・コンピタンス」と呼ばれる、核となる自社の強みや特性は何かを整理し、それを共有化し、皆のベクトルを合わせて前進することである。それは単に製品とか設備といった見えるものだけでなく、企業の「暖簾の力」や「顧客のネットワーク」「ノウハウ」といった「見えざる資産」の方が価値ある場合が多い。

幹部や管理者を中心に、自社の強みをしっかりと時間をかけて話し合い、それをどう前面に出し、戦略的に展開していくか、また次代のコア・コンピタンスを今からどうつくりこんでいくか、よく考えることをおすすめしたい。

自社の強みを全社員で発掘し、共有化する。

26 職場の連帯感をつくれ

一般に欧米の企業には日本の「職場」に当たるものはない。「職場」を英語に訳すとしたら、せいぜい「ショップ」程度にするしかない。欧米の場合、職場は売上をあげ、利益を生み出す「機能」としての組織集団であるからだ。

日本の場合「ウチの職場」といわれるように、共同体としての職場の意識が強く、帰属意識も高い。「われわれ感情」を持ち合わせており、一体感、連帯意識が高い。そのように共同体意識の強い会社の方が繁栄している。

古くから日本企業においては、社員たちは仲間の失敗や業績の低下を自分のことのように思い、後輩を弟や妹の面倒を見るように指導してきた。そうした風土が欧米型のマネジメントにより失われてきているのが残念だ。

欧米型マネジメントでは人間を一つの機能として捉えている。したがってその機能が悪ければクビにして機能の高い人間を代わりに雇えばよいと考える。

古き良き日本企業は人間を全人格的に捉え、強みを引き出し、伸ばし、活かそうとして職場内教育に力を入れ、またときにはジョブ・ローテーションを行い、様々な仕事や職場を経験させ一人前に育て上げようと努力をしてきた。

ところが近頃では機能主義経営が強まりすぎて「部下を強く育てようとすればパワハラと言われる」「どうせ育てても転職してしまう」などと、心をこめて部下育成する風土はなくなり、うまくいかなければ新しく採用し直し、まるで部品を取り換えるように機能を交換すればいいと考えるリーダーが増えてきている。

これでは愛社心や帰属意識を高めての繁栄はおぼつかない。やはり人間を機能ではなく全人格的人間として捉え、会社にとって大切な資産・財産として育て上げていくことが大切だ。

職場で社員を育成し愛社心を高める。

27 体験を共有し絆を深めよ

日本のお家芸として「和の精神」がある。互いの立場を尊重し、なごみ合う中で一つのことを成し遂げる。そこに充実感があるものだ。

共同体としての職場をつくりあげるときのカギは「共有化」である。つまり、それぞれの持つ価値観や情報、知識、問題意識を共有化することである。

中でも一番難しいのは価値観の共有である。それは仕事観であり人間観であり、またビジネス上のものの見方・考え方であり、生き方でもある。

これらの共有のためには仕事の場だけではなく飲み会の場などで上下関係なくフランクに語り合うなど地道なプロセスを踏むことが大切である。インフォーマルな場面では感情の共有化も図ることができ、職場共同体としての強い絆ができていく。

なお、絆づくりで一番有効なのは「体験の共有」をすることである。みんなで辛いことを乗り越えた体験、共にビジネスで戦った体験などが何年経っても変わることのない仲間としての絆を深めていくものである。またそれらの体験を軸として喜びを分かち合い、達成感を味わうことができる。

企業が繁栄する基盤づくりとして、職場という活動単位一つひとつを共同体としてかためていくことだ。

一つひとつの職場を共同体としていく。

28 愛社精神を高めよ

日本が高度成長を続けていた時代は「愛社精神」という言葉が盛んに使われ、社員一丸となり組織の勢いを強めて、目標に向かってまっしぐらに進んでいたものである。

会社への愛を深める第一歩は、深く会社を知り、惚れ込むプロセスをつくりこむことである。恋人との間柄においても、相手の生い立ちや苦難のドラマ、そして特技などに触れることにより愛が深まっていく。

同じように会社の歴史やそこでの様々な山あり谷ありの物語、製品が出来上がる苦難のプロセスや販売チャネルを築き上げた苦闘のドラマなど、会社に残る伝説や物語に触れ、それまで以上に会社に惚れ直したという話は数多く聞いている。

ビールのグラスを片手に会社の悪口大会をして盛り上がっても、一時のカタルシスを味わうだけで、決して愛社精神の向上には結びつかない。

自社の強みや特性、そして他にはないコア・コンピタンスを再確認し、それを共有化し、さらに外に発信し、外からの評価や認知を高めていくことこそが、愛社精神向上の第一歩である。

皆のための欲、会社全体を考えた欲、業界の発展のための欲を高めていくことが大切である。自分のための欲を「小欲」といい、世のため人のための欲を「大欲」という。

経営リーダーは自らが大欲に生きるとともに、社員を大欲である地域や業界全体の発展に目を向けさせ、リードしていく必要がある。そのことが愛社精神に結びついていく。

お客様はその企業が自社だけでなく社会の幸福を考えて努力しているかどうかをしっかり見ており、そうした貢献型企業は、なぜか応援したくなるものだ。多くの人々から応援、支援を受ける企業になっていきたいものである。

自社の強みを再認識し、共有化し、外に発信していく。

29 見えざる資産を蓄積せよ

モノ・金といった見える資産に対して、見えざる資産というものがある。それは人脈であったり、ノウハウ、自社や自己の暖簾、信用力であったりする。社員の能力や組織の風土も見えざる資産といってよいだろう。

私はこの見えざる資産が見える資産を生むと考えている。したがって見える資産であるモノ・金を使って見えざる資産を獲得・拡大・蓄積していくことを意図的に進めていくことが管理者や経営者にとって最も大切なことだと思う。

よく行われているお歳暮やお中元のやりとりや、創業記念日にお花を贈るなども一つの方法だろう。金と時間を使って先方が企画するイベントに参加するのもそうだろう。

新しいノウハウの獲得のために多額の費用をかけてセミナーに参加したり、有能なコンサルタントを招いたり、人材を採用・育成したりするのも、お金という見える資産を使って、見えざる資産を獲得している姿といえる。

私もコンサルタントとしてこの四十年近くいろんな企業を見てきたが、見える資産を使い、見えざる資産であるブランド力や社員の能力、風土を蓄積してきた企業が結果的に永続繁栄する企業となっているのは確かである。

私が十数年関わってきた丸和運輸機関は二部上場から短期間で一部に上場し株価も十倍となって多くの人々が驚いている。この会社では三十年近くの間、売上の二パーセントを教育費に充て、社内の能力開発や挑戦する企業文化をつくりこんできた。

経営者や管理者は明日に目を向け、今からこの見えざる資産を意図的・戦略的に拡充していく必要がある。

お金という見える資産を使って、見えざる資産を拡大・蓄積する。

30 変化への即応力をつけよ

企業や職場を取り巻く環境が急変したとき、時間をおかず即応することが大切である。企業を取り巻く環境とは、経済・社会情勢もあるが、お客様や取引先の状況、市場や競合先の諸状況なども重要だ。お客様の方針が急に変わって取引量が激変したり、競合他社が市場をリードするような新商品を開発したりすることは日常的に起こり得る。

それに対しては社員一丸となって即応することが望ましいが、環境をただ憂えて「やれない」「できない」条件をメンバー間で語り合い、変化への対応行動に後れをとってしまう組織がある。

そのように変化への対応が遅い組織は必ず原因分析をするものだ。「なぜこうなってしまったか」「そうなった理由はなぜか」などと原因や理由を追及したところで、過去には手が打てないし、自社の力ではどうしようもないこともある。

もう一つ即応力のない組織のあり方は、「なるなる思考」を繰り返すことである。頭のよいスタッフが現場の実態を離れて「こうしたらこうなる」「こうなったらこうなる」と仮説に仮説をもっともらしく積み重ねる。そして「したがって今はやめた方が望ましい」「しばらく様子を見よう」などと論議しているうちに環境適応へのタイミングを失ってしまい、大きな問題に陥っていく。

仮説はあくまで仮の説であり必ずしもそうなるとは限らない。もしそうなったら状況の変化にあわせて次から次へと手を打っていけばいいわけだ。リスクを恐れず行動することでそこから学ぶものも多い。変化に対しては行動し、その結果から学び、再び次の手を打っていくという方法をとった方が変化への即応力が身につくのである。

原因を分析したり仮説ばかり立てたりするのをやめ、行動して学ぶ。

31 勢いをつくれ

私は修行で山中に籠って滝を浴びたり瞑想をしたりすることが多いが、山での大雨のときの川の様子には目を見張るものがある。降った雨が山の斜面から小川に流れ込み、それが瞬く間に勢いのある大きな川に変身していく。

大きな川に変身した渓谷は恐ろしいほどの激しさを持っている。山の倒木を飲み込むのはもちろん、急な渓流ではごうごうと音を立てて岩さえも押し流している。この大雨の後の川のように、水量を増し勢いをつくることが組織においても大切である。

量と勢いがなければ多くの人々の気持ちは動かせない。まず事にあたっては流れをつくることである。衆知を集め力ある人を巻き込み、大きな流れを意図的・計画的につくる必要がある。

経営者やリーダーは「仕掛け人」でなくてはならない。つまり一つの流れと大きな勢いをつくる仕掛け人である。常に想いや目的に向かい、どうしたら流れをつくりうねりをつくり、勢いまでつくりあげていくかを考え続けなくてはならない。

そのためにはまず、タイミングが大切である。そして次に人である。

組織の中で「職場集団に影響力を持つ人間は誰か」と考えることである。

そして第三は大義である。大きなうねりをつくり出すためには、「何のため」「誰のため」という大義を掲げることである。

ここで「私利私欲」が見え隠れすると、成功の確立は失われる。要するに大義の旗印を高く掲げ、組織内の影響力あるキーマンを核として、機を見て仕掛け、うねりと勢いをつくり大志を成し遂げよということである。


大義を掲げ、組織内のキーマンを核として大きな流れをつくり勢いをつくる。

第4章 ◉ 人々から愛される会社にせよ

32 地域の人々が誇れる企業を目指せ

講演先の事務局の担当者が「先生、ご案内したい所があります」と言って、ある会社の門の前まで案内してくれた。そして、その門から見える会社を指さして、

「この会社は大変珍しい会社なんです。老人のパジャマを作っているんですが、そのパジャマのデザインがとても美しいので、おばあちゃんが散歩に出るとき、いちいち外出着に着替えなくてもいいんです。女性はいつまでも美しい自分でありたいですからねぇ」

と語る。また、彼が言うには、

「片手ですべてのボタンを簡単に外せるように工夫を凝らしてあるので、片手が不自由な人でも使いやすいパジャマなんです。この会社は老人たちの味方です。私の祖母もそれで助けられました」

と、自分の会社の説明以上に熱弁を振るってその会社のことを自慢する。

また、ある商店街の自慢のお店は、おばあさんとおじいさんの最中屋である。

「この店は、二十五年間味も価格も変えておらず、たった二坪の売り場で年間一億円も売っている行列のできるお店です」

と言って、その店の最中をわざわざ買ってきてくれた人がいる。

このように、地域の人々が自慢し、誇りに思うような会社は「社徳を積んでいる会社」だといえる。

真にお客様の立場に立って、お客様への思いやり、気配り、親切心を持って、損得抜きで尽くしている。

このように地域の人々が誇りを持って語れるような会社づくりをしていきたいものだ。


自分の会社でもないのに自慢して語ってくれるような企業にする。

33 会社ぐるみで徳を積め

三河安城に七福醸造という会社がある。この会社は驚くことに内モンゴルの砂漠に十五万本のポプラの木を植えた実績を持つ。その当時、新入社員の教育として、砂漠の植林を一週間行っていたと聞く。

また、この会社では、週一回合唱の練習をして近くの老人施設に慰問に行き、歌で皆さんを楽しませていた。

たった四十人足らずの会社なのであるが、阪神大震災のときは一日五百食を作り、三十八日間炊き出しをした。途中、さすがに自社の白醤油生産に大きな影響が出て、専務が「社長、このままだと会社が潰れます」と訴えた。すると犬塚敦統社長（現会長）から「われわれは潰れた（倒壊した）会社や社員のために炊き出しをしている。うちの会社はまだある（建物は存在する）じゃないか」と一喝されたという話がある。

この会社では百キロウォークを主催するが、精神修養したいという方々が千五百人も集う。五十キロ地点、七十キロ地点になると、体力も精神力もかなり参ってしまう。社員たちはそうした場面にさり気なく登場し、歩行者の足を揉み、血マメの手当てをし、「もう少しですから、頑張ってください」と心からの励ましの言葉をかける。

犬塚会長は「私たちはこうした活動を通じ、社員の思いやりの心、優しい心を育ませていただいているのです」「社員の心の教育のためなのです」と語る。

社員たちには人に対しての思いやり・優しさ・気配りの心がしっかりと身について、近郊の人々からは「結婚するなら七福の社員」と言われているという。

このように、社徳のある企業とは、単に経営者や一部の幹部がボランティアをしたり寄付をしたりするのではなく、会社ぐるみで全社員が「世のため人のため」の動きをしているのである。

社員全員が世のため人のための行動をして社徳を積む。

34 人を心から思いやる態度教育をせよ

多くの企業で行われている研修を見てみると、管理者クラスの研修であっても内容はほとんどがリーダーシップ・スキルとかマネジメント・スキルといった知識教育、技能教育に留まっている。

私は、こういう時代こそ、態度教育の重要性が高まっていると思う。態度教育となると、人間としてのあり方や考え方、つまりマネジメント・スピリットの部分に入り込むことになる。これらを養成し、日常生活における言動や振る舞いに表現されるまでに身につけていかなければならないが、なかなか困難なことである。

たとえば、接客のやり方ひとつとっても、表面的なおもてなし法ではなく、その背後に秘められた相手を思いやる姿勢・態度を魂の底まで宿していかねばならないのである。

昭和の観光王として知られる宮崎交通の創業者・岩切章太郎は「人情の美おもてなし」

という言葉で社員の心を一つにした。

岩切が育てた宮崎交通のバスガイドは、中学生が修学旅行に来てバスに乗った途端、その学校の校歌を歌いあげたというから驚きである。ホテルに入ると、夕食のバックミュージックも生バンドで校歌の演奏をしたという。

ここまでお客様に向かう心のあり方、姿勢、態度を身につけさせるには、かなりのエネルギーを要する。しかし、このような心を持った社員がいるところには、お客様がおのずから集まってくるであろう。

人間力のある人物がたくさんいる企業には、人は惹きつけられ、自然に足を運ぶものである。

表面的な技能ではなく、心底からお客様を思いやる姿勢を養う教育をする。

35 魅力ある人間で社内を埋め尽くせ

伊右衛門のお茶で有名な京都の福寿園。創業時からの家訓は、「無声呼人」つまり、声無くして人を呼ぶ、というわけである。

この店には人徳ある人物がいるからこそ、人が集まってきているに違いない。

誰でも、人間力のある魅力ある人と関わりたいであろうし、そんな人間と一緒に仕事をしたいと思っている。

営業スキルが高く、プレゼンテーション技能が優れていて、商品やサービスの知識が深いからといって、「この人から買いたい」「この人と関わっていきたい」と思うかどうかは疑問である。

私は、商売の要は人間力の備わった人物にあると考えている。

これからの企業は、単に表面的な知識や技能スキルを身につけた人材でなく、人間力を身につけた徳のある「人物の養成」が必要になると思う。なぜならば、お客様や社会の立場から見てみると、魅力ある人間力溢れる人物と仕事人生の時を関わっていきたいと望んでいるからだ。

魅力ある人物をつくるには、時間がかかり、エネルギーも多くかかる。スキル教育と比べたら、とても面倒なことかもしれない。それだけに他社が真似しようとしても、なかなか難しい。だからこそ、人物づくりは長期的に考えて、他社との差別化をしていくための最もレベルの高い戦略なのである。

大きな声を上げて叫びPRしなくとも、人々が自然と集まってくるような、多くの輝く人物がいる企業づくりをしたいものである。

時間とエネルギーをかけて、人徳が備わった社員を養成する。

36 会社の「受縁力」「受援力」をつけよ

東日本大震災の時、石巻にある木の屋石巻水産では、津波によって、なんと六十万個の缶詰に傷がつく被害にあったという。

しかし、缶詰は外側に傷がついていても、中身は変わらない。震災直後の食物が配給されない時期、この缶詰は周囲の人々に無償で配られ、多くの人々の飢えを満たした。命をつなぐ「希望の缶詰」であった。

震災前から同社と縁の深かった東京の経堂にある飲食店の呼びかけで、多くのボランティアの人々が缶詰の外側を洗い、東京で販売したところ、プレミアムがついて本来の価格以上の値段であっという間に売り切れてしまったという。

木の屋石巻水産は、多くの縁ある人々から援助を受ける「受縁力」「受援力」を持っていたということになる。

同社は震災前から、KANKAN運動（缶詰のカンに語呂を合わせて）として、「感謝」の心で「還元」の活動をしていた。自前のステージを作り、様々な芸能人や音楽家を招き、無料コンサートを行い、感動を地域の人々に届けていたという。

普段からこうした社会貢献の「徳積み活動」を行っていた企業であるので、ファンや支援者も多く、いざ震災で大きな被害を受けたとき、多くの人々に援助を受ける結果となったわけである。

経営者・管理者は日頃から地域社会の皆さんのお役に立ち、喜んでいただくようなことを考え実行していくことが大切である。得た利をいかに還元するかがカギである。

会社の得た利を社会に還元することを常に考える。

37 永続的に繁栄する企業を目指せ

日本は長寿企業が世界一多いことで知られている。二百年以上続く企業は、三千二百社。世界中には五千六百社あるが、その六割弱が日本にあるというから驚きだ。第二位のドイツは一桁違いの八百三十社である。そしてオランダの二百二十社、フランスの百九十社と続く。

このことは日本人として誇りに思いたい。それは日本の伝統の経営理念、企業家精神が脈々と継承されてきたからにほかならない。「三方良し」の精神、「損して徳とれ」の商人道の教え、「和の精神」等々が基盤となっているのだろう。

フランスのパリにエノキアン協会がある。世界の古くから続く優良企業が加盟する団体である。日本企業では、羊羹の「虎屋」、そして京都の酒造「月桂冠」、お伊勢参りのお土産の定番「赤福」などが選ばれ、加盟している。

中でも注目されるのは、石川県の粟津温泉（小松市）にある「法師」である。創業養老二年（七一八年）というから千三百年以上続いており、ギネス認定世界最古のホテルである。経営者は法師善五郎と名乗り、四十六代にわたり継承している。

この会社には六代続いて法師の社員をしている家の女性が二人いるというから驚く。なんと二百年にわたり先祖から法師の社員になることを引き継いでいるという。

法師の家紋は三つの輪が描かれている。これは「誠実・奉仕・協力を和の心をもって束ねる」という意味だという。創業時に掲げたこの経営理念を代々の経営者や社員が、行為行動をもって継承し続けてきているところに千三百年の歴史を築き上げたカギがあるのだろう。

創業の経営理念を大切にし、脈々と継承する。

38 社徳を積んで社格を高めよ

「損して徳とれ」という言葉が船場（大阪市）の商人道の教えの中にある。目先の利よりも、世のため人のため、お客様や地域社会のために良いことをしておきなさい、徳を積んでおきなさいということである。

昔の商人たちはお金が儲かったときは神社やお寺に寄付したり、地域の人のために橋を造って寄贈したりしていた。

彼らは神仏などの目に見えない存在に対して畏れをもって商売をしていたわけだ。「悪いことをしたら必ず結果に出る」と伝承され、「徳を積んでおくといずれ運となって自分のところにめぐってくる」と説かれていた。「積善の家には必ず余慶あり」という言葉にそれが表れている。

キッコーマン（野田市）の家訓の中には「徳義は本なり　財は末なり　本末を忘るる勿

れ」がある。また「損せざるを以って大なる儲けと知る可し」、つまり損をしない程度の商いでいることが実は大きな利益となっていると教えている。

また「私費を省きて之を公共事業に損出せよ」、つまりプライベートの支出を抑え、浮いた分は社会に役立つ事業に使いなさいという教えが家訓に残されている。

百貨店松坂屋の伊藤家の教えは「人を利するところにおいて我も利する」であり、住友の家訓は「財を私せず積で能く敬ずるの徳を履め」、つまり財産を自分のために使わず、貯めておいて善いことに使って徳を積めと教えている。

日本の昔の商人道の中には素晴らしい教えが詰まっている。われわれは今こそこうした教えを後世に継承していかねばならない。徳を積んでいる企業の方が社格が高いといえる。

私利は後回しにして、利益を社会のために使う。

39 善事を行って運を得よ

日本の商人道に大きく影響を与えたのは近江商人である。

「売り手よし、買い手よし、世間よし」の三方よしの話は有名である。近江商人の西川利右衛門は「富を好とし基の徳を施せ」と家訓に残した。繁盛して財産を手に入れたら、その財産に見合った「徳積み」をして、社会貢献をせよと教えている。また「商売の拡大に見合った大きな『徳』をもった人間にならなければ繁栄は続かない」ともいう。

売上膨張でいい気になっている経営者は、ぜひともこの戒めを受け止めてほしい。近江では商人仲間の常識として「人には運というものがあり、長者と呼ばれるようになるには二代、三代と続けて善人が生まれることが必要である。そのようになりたいならば、陰徳を積み善事を行うしかない」といわれている。

金持ちになり、永続盛栄したいならば、二代、三代と続けて善人が継承しなければならない。何代も続けて善人が生まれるかどうかは「運」次第とされていた。しかし運をじっと待つのではなく、社会に対して人知れぬ善事を行うことで、人知を超えた神仏の判断に頼るしかないというのである。

近江商人が古くより敬愛され発展してきた秘密は、自分の利益より他人や地域の発展と幸福を常に考え貢献する精神を持ち「陰徳善事」を信条としてきたことにある。つまり商人道の核は、日頃から世のため人のために徳を積む（幸福を与える）ことのようである。「徳積み」という言葉は近年のビジネスの中では死語になってしまっている。長期的な企業の繁栄・発展を考えるとき、徳の経営こそ、今の時代にあって最も優れた差別化戦略かもしれない。

日頃から社会に対して人知れぬ善事を行う。

40 他人の幸福を考えて行動せよ

人は誰しも自分に幸せを運んでくれる人間が大好きである。その昔中国では、自分に幸せを運んでくれる人間を「貴人」と言った。日本人は古くから「利他」という言葉を好んで使っているが、これは仏教用語である。「他人の利を考える」ということであるが、私は利を「幸福」と解釈している。

比叡山の創設者・伝教大師は「己を忘れ他を利するは慈悲の極みなり」と教えを説いている。「自分の幸せを横に置いて、まずは他人や社会の幸せを考えよ」ということである。仏教の教えでは「布施」や「廻向」という言葉も知られている。布施は僧侶にお金を差し上げることをいうのではなく、「見返りを期待しない施し」を意味する。

母親が子どもに授乳するとき、「おいしいお乳をあげるから、その代わりに大きくなったら私を素敵な老人ホームに入れてね」などと見返りを期待しはしない。そのように、たただ愛に基づく施しが「布施」である。

施しは金やモノだけではない。優しい思いやりの行動であったり、企業でいうならノウハウや情報の提供だったりする。ときには励ましの言葉であってもよい。

「和顔愛語」といわれるように、ニッコリと微笑み優しい言葉をかけて勇気づけるのも、部下や仲間への施しである。

「廻向」も同じような意味合いを持つ。これは自己の得た利を「めぐらす」ということ。たとえば「おいしいブドウをもらったら独り占めせず、一粒ずつでもいいからみんなにあげなさい」という意味である。

経営者・管理者が本や講演で学んだ知識や理念を周りにめぐらし、普及するのも「廻向」である。決して見返りを期待せず、真に相手に「幸せになっていただくため」の行動であるべきだ。

見返りを期待せず、部下に励ましの言葉をかけ、ノウハウや知識を提供する。

41 できるだけ多くの人を幸福にせよ

前項で述べたように、利他とは「他人の利を考えて行動する」ことをいうが、私はさらにこれを「相手を幸福にすることを考えて活動する」ことと説いている。

「利潤とは周りの方々を幸せにしたご褒美である」（オムロン創業者・立石一真）「利益は社会に奉仕した証である」（パナソニック創業者・松下幸之助）と先人も教えを残している。これこそが日本の商人道の本質であり、日本的経営の先覚者たちが継承し続けてきた経営哲学である。

私は近頃の講演の席で、このように話す。

「皆さんがあの世に逝ったとき、私は三途の河原まで迎えに行き質問します。『あなたは今までどれだけの人を幸せに導きましたか？』と」

「私は千二百日間仏様に向かい修行した身なので、あの世で顔が利きます。閻魔大王はじめ、各仏様に結果報告をして、あなたがあの世でもいい場所に行けるように計らいます」

「だから頑張って多くの人を幸せに導くよう努力してください」

なぜなら神様や仏様の人事考課の評価基準は「利他の心に基づく人々の幸せづくり」にあるからである。もしあの世に行ってから高い評価を得たいのであれば、自己の得た利を周りにめぐらすこと、つまり「廻向」することである。

自分の持つ情報であっても、ノウハウでも、考え方でもよい。金があるときは世のため人のために金をめぐらす。金も知恵も出ない人は勤労奉仕をする。まさに「利他」の心を持ち続け、「廻向」の実践をし続けることだ。そうすればお客様や地域の人々だけでなく、神仏に評価を受け、支援をしていただけることになる。

そうした「積徳善事」を実践している企業こそ、人や神仏は繁栄を支援し導いてくれるに違いない。

自分の持つものを惜しみなく提供して「利他」の実践をし続ける。

42 関わる人すべてを幸せにしたいと強く願え

「人を幸せにする人が幸せになる」という考え方に基づくならば、人々を幸せにした量と質に応じて自分の幸せの量と質も増えていくというわけだ。そこで私は「幸せづくりの仕掛人」になっていただくことをすすめている。

その第一歩は、周りの人を幸せにすることから始めよう。人を幸せにしようとする熱き想い、情熱がなければ、行動へのエネルギーは生まれない。

そのためにも自己愛と同じように、他者愛を深めていかなくてはならない。愛を深めるためには、目の前の人を「美点良観」することをすすめたい。相手の良い点、素晴らしい点、強み、特性を探し出し、そこに惚れ込むことである。

誰しもが、その人らしい優れた素晴らしい面を持っている。それはたとえば、言葉遣いの美しさであったり、論理性であったり、行動の早さであったりする。

そうした美点・特性を取り出し、まずはその点への愛を深め、そんな素晴らしい特性を持っている人間をいかに輝かせるかを考えることだ。その人の奥底にある善根、つまり善の源をも探し出すことが望ましい。見つけた善根を相手に伝えて、自信と誇りを持たせることである。

相手を幸せにしていく方法として、お金を差し上げるといった安易な方法もあるが、もっとレベルの高い幸せの導き方として、それぞれの特性に合わせて善根開発をすることである。それぞれの特性や強みをフルに発揮させることで、世のため人のために生きるような働きかけをすることが相手の最高の幸せに結びつくのである。

相手の特性や美点、強みを探し、それを相手に伝えて自信と誇りを持たせる。

43 感謝力を高めよ

感謝とは今起きている物事を大切に味わい、それを当たり前と思わず、価値あるもの、素晴らしい、ありがたいものとして受け止めることである。

感謝するということは、幸せに生きるための基本中の基本である。

「自分は恵まれている、ありがたい環境におかれている」というように、今の豊かさを味わうことにより、幸せ度は向上していく。

感謝はネガティブ感情の「解毒剤」でもある。感謝すると、いらだちや不安、そして嫉みや敵意ばかりでなく強欲さまでも消えていく。感謝は自分の中のイヤな感情を抑えてくれるのだ。

感謝の想いを忘れず日々を生きている人間は、幸福感に溢れ、顔は柔和でエネルギッシュで希望に満ちている。「ありがとう」の言葉を多く発し、感謝メールや感謝の手紙、感謝の贈り物をするなど、感謝の想いを積極的に表す。そんな人間は、落ち込んだり、不安になったりすることはあまりない。

まず手始めに、お世話になった人に感謝の手紙を出すことを私はおすすめしたい。「自分のことを気にかけてくれている人」「犠牲を払ってくれた人」「自分の人生に影響を与えてくれた人」に感謝の手紙を出してみることである。

私が関わっているリヴィティエというソフトウェアの会社の社長は、それまでより多い新人十三名を採用したとき、今まで育ててくださった新入社員のご両親一人ひとりに、感謝とともに「責任を持って大切なお子様をお預かりし育てます」と書いた手紙を出した。すると逆にお礼の手紙を頂いたという。それによって大きな幸福感を味わったそうだ。

「自分は恵まれている」と感謝し、お世話になった人に感謝の手紙を書く。

44 常に楽観的に生きよ

楽観的な生き方をする基本は、物事のプラス面を見ることである。

自分の目の前には様々な景色が広がっている。しかしその景色の中からどの事実を自分の前景に持ってくるかが大切なことである。

たとえば、公園に行ったとする。美しい花に目をやり、鳥のさえずりに耳をやる人間と、「人混みばかりで落ち着かない」とか「トイレが汚い」などとネガティブな側面ばかりを見る人間がいる。

前にも述べたように、「美点良観」といって、すべてのものの美点、良い点を見つけ出して生きたいものだ。

公園の景色を例に話したが、それが人であっても同じことである。部下の素晴らしいと思える点、強み、美点を見て、「素晴らしい部下と一緒に仕事ができて嬉しい」と思うか、相手の欠点、問題点ばかり見つめて「つまらない部下を押しつけられた」と考えるかによって、その人の幸せ度は変わってくる。

楽観主義とはポジティブに考えることであり、物事のいい部分を見て生きることである。読者の皆さんは日常生活の中で、世界をどう見る姿勢を持っているのかを考え直していただきたい。なぜならば、楽観的な捉え方・考え方をすると、問題が起こっても常に能動的で効率的な対応ができるようになるからである。

そして気分は常に前向きになり、心が楽しくなってくる。エネルギーも意欲も湧いてきて、何事にも熱意を持って取り組めるようになる。

周囲の人々はそうした経営者や管理者の姿を見て、好意を抱かずにはいられないはずだ。

すべてのものや人の良い点を見つけて生きる。

45 人には親切に、尽くし切れ

「人と関わるにあたっては、常に親切にせよ」「お節介ぐらいがちょうどいい」と私は日頃から語っている。

「小さな親切、大きなお世話」などと言う人もいるが、本音では「私のために貴重な時間を使ってくれている」と喜び感謝していることが多い。

今の時代、困っている人がいても「私には関わりのないことだ」と見て見ぬふりをし、冷たく距離をとる人間が多く、お節介する人間がまことに少ない。世の中に友情や愛情が不足しているのだ。とても寂しいことだと私は思う。

だからこそ、人には親切にしてあげたい。お節介といわれても構わない。ともかく人には情を注ぎ、愛を行動に表し形に表すことである。相手のことを考えて、心底からの愛を捧げての行動であれば、相手は決してイヤな気持ちにはならないはずである。

「あまり出しゃばったまねをして、相手に嫌われないだろうか」と心配する人は、ぜひ考えてほしい。これは「自分が嫌われたくない」というこちら側の立場が先行し、自己愛、我欲が頭を持ち上げた結果である。決して幸せ創造には結びついてはいかない。

相手のことを思う情があるならば、思い切って愛を行動に表し相手が幸せになっていくような働きかけをすることである。

お節介と嫌がられないかと思っても、行動に表して親切にする。

46 先のことを考えすぎるな、他者と比較して悩むな

私の周りには頭の回転のいい人が多い。そういう人はどちらかというと、考えすぎてしまう傾向を持っている。

禅に「莫妄想」という言葉がある。「妄想することなかれ」という意味だ。人は妄想を膨らませて先々に不安を抱いたり人間関係で悩んでしまったりするが、往々にしてそれらは事実と異なることが多い。だから、ありもしない状況を勝手に頭の中だけで考えすぎないようにしなさいという戒めである。

私はよく「橋を渡る前に橋のことを考えるな」と話す。少しばかり人生経験を踏んできた管理者クラスが陥りやすい「取り越し苦労」病の対処法である。

彼らは百メートル前方に橋が見えてくると「あの橋、大丈夫だろうか、古そうだし。渡り始めて壊れてしまったらどうしよう」「橋に穴があいていて、そこから落ちたりしたら

どうしよう」などとありもしないことをあれこれ考え、だんだんと心を不安の状況に導いていく。

私は「橋を渡ってみなくてはわからない」「穴があいていたら避けて通ればいい」と言う。その場、そのときになって行動すればいいのである。今からあれこれ考えて心配しても無駄なのだ。

また、他人と比較しては自分の人生をあれこれ悔やむ人もいる。これも意味がない。自分は自分、他人は他人、自社は自社、他社は他社である。その中で、まさに自分らしさ、自社らしさを確立することが第一だ。他人・他社と比較して良いとか悪いとか論議してもまったく時間の無駄である。

自分は他人にはなれないし、自社は他社になれない。それぞれの持ち前を百パーセント発揮すればよいのだ。

先のことを考えすぎず、他人・他社と比較せず、できることをする。

第5章 ◉ すべての社員に強みを発揮させよ

47 部下を日々輝かせよ

私の修行の中での悟りの一つに「活己他輝」がある。

「自分が活き活きとして、働きがい・生きがいを持って生活したいなら、まず他の人やモノを輝かすことである」という意味だ。逆に「他の人やモノを輝かせるためには、まず己が活気に溢れていなければならない」とも言える。

上司と部下の間であれば、上司はいかに部下を輝かすかを考え続け、持ち味を引き出し、活躍の場を与えることを第一に考えるべきである。本人の一番素晴らしい点にスポットを当てて、その強みを発揮させ、周りから賞賛してもらうような場面を演出していくわけだ。

結果として「あの人の部下たちは素晴らしい」「優将のもとに優兵あり」と上司自身が高く評価されることにつながる。

そうするためには、自分自身の心にゆとりがなくてはならない。自己の心が活き活きと輝いていなくては、他人を上手に輝かすことはできない。そのためにも、日頃から活気溢れる言動をとることだ。

「いいね、いいね」「面白いね」など肯定語を多く使い、物事を前向きに捉え、元気に振る舞うことが大切である。声は明るく、胸を張って、スピード感のある行動、機敏な動作をすることで、周りに活力を振りまくことができる。

自分を活気に溢れさせ、部下の強みにスポットを当てて輝かせる。

48 お互いの美点を見て讃え合え

私は全国あちこちの会場で講演する機会が多いが、講演を始めて十分くらいすると会場の人々がどんな目で私を見ているかが感じられる。私に対する視線が私の良い面だけを見ていただいていると感じる場合と、私の問題点を発見しようとする目を感じる場合とがある。

私の講演を、問題点や欠点等のあら探しをしながら聞いている人がいるのだ。私は受講者の方々が「問題発見型」「あら探し型」の目を私に向けているのか、それとも私自身のすべての中から一つでも学ぼうという姿勢で聞いているのかを、講壇の上で感じているわけである。

他人の良い点だけを見て、そこからお互いに学び取ろうという姿勢を持った組織の方が発展することとは、あらためて述べるまでもない。

肯定的な姿勢で相手の良さだけを見つめ、そこからお互いに何かを得ようとする組織は、情報や知恵が蓄積され共有化できる。

それとは逆にお互いの問題点や欠点の方ばかりを見て「ここが悪い」「あそこが問題だ」と相手を自分の価値基準で裁いているような人間の多い職場では、良い組織運営はできない。

相手の良さだけを見てあなたの強みはここだと讃え合っていると、互いに自信を持って行動できる。互いに尊重し合い認め合っていることが実感できる。職場には安心感が満ち、同時に自信と活力みなぎる風土が出来上がる。こうして職場の持つ命が輝きを増していく。

組織が生産性を高め、利益を生み出し、より多くの人々に幸せを感じさせるためには、美点良観の心が必要である。

お互いの良い点だけを見て、学び取ろうとする姿勢を持つ。

49 目の前の人に恋して生きよ

私は、「目の前にいる人に恋して生きる」ことをすすめている。

恋する人の欠点は目に入らないし、問題を起こしても「まぁ、しょうがないや」「あ、またやってしまったよ」と苦笑しながら許せるものだ。

私は自分の周りの人たちに恋をして生きている。私の部下たちにも経営道協会の会員たちにもアルバイトの女性たちにも恋するようにしている。

恋するためには、まず相手の美点を知り好意を抱いていなくてはならない。「時間を正確に守る」とか「持ち物のセンスがよい」など、どんな点でもいい。

以前私のスタッフにOさんという女性がいた。彼女はいつでも誰にでも感じよく対応してくれた。私がイライラしているときも、私の心を和らげるようなウイットに富んだ言葉をかけてくれる。どんなお客様の気分も高揚させてくれる一流のセンスを持っており、私はその点に惚れていた。

しかし彼女は時々ミスをする。あるとき、決定的なミスをした。二つの書類を渡して「Aの書類は甲社へ、Bの書類は乙社へ送ってください」と指示した書類を入れ違えてしまったのである。私は講演先で到着していた書類を見て顔が青ざめた。しかし私はOさんの笑顔を思い出して「またやったよ」と思い、資料を使わずに平然と講演をした。

目の前の人に恋して生きるなら、その人が起こすミスにも問題点にも寛容になり、許せる心を持つことができるわけだ。

こうした人生を過ごしていると、自分の周りは恋人だらけとなる。想う人には想われるという言葉があるように、恋心は相手に伝わる。自分が好意を持たれたいと願うなら、相手に惚れ込んで相手の美点とだけ付き合って生きることである。恋する人は恋をされ愛する人は愛される。これは古今東西変わらぬ真実である。

周囲の人の美点を知り恋して生きる。

50 肯定的な言葉を使え

相手に対して肯定的に讃えるような言葉を投げかけることも大切だ。上司と部下の会話の中で「お前はダメだ」とか「ろくな仕事をしてない」といった発言をするのではなく、「あなたは素晴らしいね」「あなたのこういう点はすごいよ」と相手を讃える言葉を投げかけることにより、自分の中にもエネルギーが入ってくる。

林文子横浜市長は「あなたのおかげで今日はとても勉強になったわ」「○○さんと出会えてよかった」といった素敵な言葉を人と出会うたびに発しているということである。

私は大峰山で、一日四十八キロの山道を百日間往復した。毎日夜中の二時に出発して、夕方の四時半に帰ってくる難行苦行で体重が二十四キロも落ちた。

六十日を経過すると、立っているのが億劫なほどフラフラになって寺にたどり着く。境内で週に二回、T僧と必ず出会う。彼は出会うと、その一日にあった自分の不幸を語りだす。私はＴ僧と会ってその愚痴話を聞いた後は、いつもならスムーズに登れる階段が、体がだるくて重くて上がれなくなってしまう。

四十八キロの山道を回峰して体力が限界のときに、マイナスの波動を送り込まれ受け止めてしまうと、こちらが持っているエネルギーが奪われるということにこの体験で気づいたものだ。

同じ寺内で高僧に出会ったときの発言は違う。「山は大変でしょう。覚峯さんの年齢で百日行をした方はおりません。人のできないことをやっている。満行できたらいいことが続きますよ」と、彼はいつも肯定的な言葉をかけてくれる。

そんなとき、私の心身は不思議と元気が出てきて、いつもと同じ高さの階段なのにすっと羽が生えたように舞い上がることができるのである。

相手を讃える言葉を常に口にする。

51 そのモノの良さを最大限発揮させよ

古き良き時代に育った田舎のおばあちゃんがモノを有効に活かす力を持っているのには驚かされる。

新聞紙の使い方を見ても、とても面白い。大根を包んだり、お菓子を包んだりして包み紙として使う。孫が床におもらしをしたときは新聞紙が吸い取り紙に変身する。その紙を乾かしてゴミを燃やす焚きつけに使う。たった一つの新聞紙でも、何十種類という活用の仕方をしている。

新聞紙は英語では「ニュースペーパー」であり、先端のニュースを伝える機能を持っている。しかし一週間経った新聞にはニュースはなく、機能を失っている。

彼女は一枚の大きな紙をただニュースペーパーとして見ずに、包装紙であるとか、焚きつけ紙であるとか、吸い取り紙であると見ることができるので、創造的な機能転換ができるのである。

灰皿を考えてみても、単にタバコの灰を落とす器と見ると他に何も使えない。土を入れて花の種をまいたらどうか。子どものおもちゃに使ってもいいかもしれない。ときには夫婦喧嘩で投げ合うこともあるだろう。灰を落とす機能だけを見ずに、その持ち味を最大限に発揮させることを考えれば、様々な発想が出てくる。そう考えると、私たちの周辺にはまだまだ活かせる品物がたくさんある。

このようなことは日本人が昔からずっとやってきたことである。社会が豊かになりすぎて、私たちは大事な知恵の出し方を忘れてしまった。今こそこうした日本人の心を取り戻すべきだ。

そのモノの特性・良さを発見してそれを最大限に発揮させることを考え続け、独創的な活かし方を生み出すことである。

モノの機能を限定せず、特性を最大限に発揮させる活用法を考える。

52 目的と手段を一致させて持ち味を発揮させよ

私の勤務していた産業能率大学は、私の母校でもある。創業者の上野陽一氏は『能率道』という本の中に以下のように書いている。

「能率とは全てのモノの持ち味が百パーセントに発揮されている状態である。持ち味を百パーセントに発揮するためには、まずどれだけがその持ち味であるかを発見しなければならない。

しかるに世の中にはめいめいの持ち味がどれだけであるかがはっきりわかっていないことが多い。またたとえわかっていてもそれが十分に発揮されていないことが多い。それは目的と手段との関係においていろいろの無駄と無理があるためである」

私は学生時代、能率学の先生からこの話を繰り返し聞いた。

能率学では、目的と手段がイコールになっているときが最も望ましい状態である。三トントラックに一トンしか物を積んでいない場合は、手段の方が大きくて目的の方が小さいからこれは「無駄」である。一方、三トントラックに四トン半も五トンも積み上げて走るのは「無理」であり、手段より目的の方が大きい。

ともかく目的に合わせてそれぞれの手段を考えていくことである。そして手段の持っている機能全開を常に考える。人、モノ、カネ、情報のそれぞれの持つ機能を組み合わせることにより、相乗効果が発揮される。

「猫に小判」という諺がある。お金を使い方のうまくない人に預けてもお金の命は輝かない。高度な情報であっても、その情報を使いこなせる人でなければ有効に活かされない。

どの情報、どの設備を、どの人間と結びつけるのが有効かと考えることこそ、組織の命を発揮させることにつながっていくのである。

目的と人とをうまく組み合わせる。

53 かけがえのない特性を活かせ

高野山で修行していたとき、ある高僧から「五本の指の中で一番偉い指はどれだと思うか」と聞かれた。親を立てなくてはいけないと思って「親指」と答えると、導師は首を横に振る。相手のことを思わなくてはならないからと思って「人差し指ですか」と言っても首を縦に振ってはくれない。導師は「五本の指は皆偉い。指はそれぞれに役目を持っている。どれが偉い、どれが役立たずということはない」と語った。

確かにじっくり見てみると、それぞれの太さも場所も構造も皆違っている。五本の指をフルに活用した手は器用に動いて、たいていのことはやってのける。筆を握るにも、豆腐をつかむにも、それぞれの指をうまく動かして実行できるわけだ。親指と人差し指をうまく使わないとエンピツを握ることもできない。

この教えは企業組織でも同じである。親指である管理職が必ずしも偉いということはない。小指の新人社員を上手に活用しながら、中指の中堅社員の体験やノウハウを活かして、職場のチームワークができるというものだ。

もし薬指が「人差し指がうらやましい。親指がうらやましい」といっても、その指になることはできないし、その指の真似をすることも愚かしい。

何をやってもそつなくうまくやってのける優れものもいれば、どこから見てもうだつの上がらない人間もいる。しかし、どんなにつまらない、うだつの上がらない人間にもいくつかの長所は必ずある。

「この世に存在するすべてのものは、何らかの点でかけがえのない特性を持っているので、排除したり捨てたりするべきものは一つもない」というのが高僧の教えである。経営者・管理者はどんな人間であってもその特性を見極めて発揮させることを考えたいものである。

すべての社員の特性を見極めて発揮させる。

54 自分の強みを発揮せよ

人は誰もが素晴らしい個性を持っている。それぞれの持つ隠れた良さを発見して、育て、輝かせていきたいものだ。

一人の人の中に潜在している力は限りなくある。それをまるで宝探しのように発掘し、引き出していこう。持ち味と取り柄を探し出したならば、それをさらに育て上げ、多くの人々や世の中のお役に立つような形で活かしていく。

読者の皆さんは自分の良さ、特性の強みをどれだけつかんでいるだろうか。

自分らしさを発揮すること。自分の持ち味は何かをよく見つめ、掘り下げることが、自己の命を輝かす第一歩である。特に核となっている強みや、他の誰にも真似できない特徴的な強みを見出してほしい。そして、それを好きになることだ。すると、自分のその持ち味を「いかに発揮させてあげようか」という気持ちがだんだん高まってくる。

自分らしい強みを発揮し、輝かすことにより、人々が喜び、感動してくれるはずだ。多くの人からその部分を認められると、あなたの心は喜び、魂は輝きだす。

そしてその良さをいっそう輝かすためには、より多くの人たちにその良さを捧げることが大切である。

自分の良さを世のため人のために活かし切れる人は、毎日活き活きと楽しく生活でき、命輝かす人生となることであろう。


自分の強みを発見し、それを好きになり、世のため人のために活かす。

55 共存・共栄で発展を目指せ

友人のお嬢さんが近頃結婚をされた。結婚式の当日の朝「ご先祖様、仏様、長い間お世話になりました」と言って仏様に手を合わせ、昼間キリスト教会で結婚式を挙げて新居に帰り、近くにある神社に寄って「今日は結婚式を無事に済ませさせていただいてありがとうございました」と祈ったという。

日本人は初詣は神社に行き、おばあさんの法事といえばお坊さんに頼み、日曜日には友人に誘われて教会に行き牧師さんのお話を聞いて賛美歌も歌う。そういうことが日常生活の中に組み込まれている。

これは西洋の文化の中では考えられないことで「日本人の信仰心はどうなっているのか?」と不思議がられる。日本思想は、様々な価値観や文化を否定することなく、その存在そのものを認めて自分のシステムの中に取り入れ、共存する原理を持っている。

昔はビジネスの世界で共存・共栄という言葉がよく使われていた。下請けさんや販売店さん、関連会社さんと共存・共栄をしていこうではないかという発想である。

下請けの人たちは親会社に対して忠誠を誓い、親会社の方も様々な技術指導をしたり、共同で勉強会を開催したりしてきた。販売店との間でも絆を深め連携をとりながら、どうしたらお客様に満足のいくサービスができるであろうかということに、日々思いを巡らせてきた。

最近はお客様や社会を無視して、自社の利益だけを追う傾向も見えている。一時のコストが高いということだけで、創意工夫もなくあっさりと下請け企業を切り捨てる。地域の発展繁栄を犠牲にして我が社が儲かればいいという考え方で活動するような企業が大勢を占めている。

日本的経営は「三方よし」である。共存・共栄という言葉を復活させ、みんなが幸せになっていくことを目指したい。

下請け企業、販売店、関連会社など関わるすべての繁栄を目指す。

56 それぞれの持ち味を組み合わせよ

企業の中にはいろいろな人がいる。完璧な人間性や能力を持っている人はまず見当たらない。そこで誰しもが完璧でないという前提に立って、それぞれの強みや特性をフルに活かし合える組み合わせをしていくことである。

そして組織全体の力によって完璧を狙う発想をすることが望ましい組織である。あいつはおしゃべりだとかだらしないとか、欠点や問題点を指摘し合っていては、持てる力を本当に出せる組織にはならないであろう。

「三つ子の魂百まで」という言葉があるが、基本的な性格・特性は、そう簡単に変えられない。積極的な人は小さいときから積極的であったはずだ。冷静沈着で石橋を叩いて渡るような人は子どもの頃もそういう行動をとっていたことだろう。係長になったから、部長になったからといって大きく変わるものではない。

したがって、部長が攻撃的な人であれば課長のポストには冷静沈着にフォローしていくようなタイプの人をつけるというように、様々な人間のタイプの組み合わせを工夫して、強い組織をつくっていくことが企業内では大切なことなのだ。

こうした発想で組織を運営すれば、社員それぞれの特性や強みを、持ち場持ち場で発揮させることができる。それにより、彼らは自分が活かされている、みんなのために役立っているという実感が湧く。

「適材適所」といわれるように、それぞれの持ち味を発揮できるような場を与えてやり、その人の持つ欠点は他の人が補って、組織の相乗効果が上がるような構図にしていくことである。

一人ひとりの強みを組み合わせ、組織として強くなることを考える。

57 人脈を見直し良縁を深掘りせよ

せっかくつくった素晴らしい良縁を自己の人生や仕事に活かしていない人があまりにも多い。

「忙しい、忙しい、毎晩いろいろな会合がある」などと言っている経営者・管理者がいる。一度、そのお付き合いの中身を見直す必要があるのではないか。

人脈が大切といっても、ただ知り合いが多ければよいというものではない。人脈の質を検討しなければならない。

名刺ケースを見てみると何千もの名刺があるだろう。これをパソコンなどで整理しているかもしれないが、ここではその質に対してのＡＢＣＤ分類をしてみてほしい。

Ａ（可能性強くあり）Ｂ（可能性あり）Ｃ（わからない）Ｄ（可能性なし）の分類である。

経営者や管理者にとっては当然ながら、仕事の成果をあげるという視点から見た分類もあろう。あるいは、自分の経営者としてのあり方・生き方に影響を与えてくれる相手かどうかという切り口もよいだろう。また、関わっていて楽しい、ウキウキする、時の経つのも忘れる、といった気心の分かち合える人物かどうかという分類もあり得る。

こうして自己の付き合いを振り返ってみると、単に誘われるままに動いたり慣習的に集会に参加していたりすることが多いのではないだろうか。

自己の志や理想の生き方に近い人々との関わりを重点化して、心と時間の傾斜配分を考えるべきだ。

人脈を分類し、付き合いには心と時間を傾斜配分する。

第6章 ◉ 組織に活力を生み出せ

58 「人を通じる力」を高めよ

マネジメントとは、一言でいうならば「人を通じて目的を達成すること」である。

したがってマネージャーにとって「人を通じる能力」が最も大切になってくる。これは人を動かす力といってもよい。ここでいう「人」とは、個人でもあり、組織や職場といった集団でもある。

マネージャーは「通じる」相手である「人」とは何か、「集団」とは何かについて、よく勉強しておく必要がある。

「人間はどんなときにやる気を起こすのか」また「人はどんなときどうしたら変わるのか」「人の能力はどうやったら成長するのか」といった点について、心理学的に、また、行動科学の側面からも、研究し知識を得ておくべきだ。

人の集まりである組織集団になると、扱い方はなかなか厄介である。

個人と違って人が集った場合、様々な集団心理が働くし、またその組織集団の中に存在する規範、「こうすべし」「こうすべからず」という独自のルールや暗黙の掟がある。それらの集団心理を社会学的見地からも研究し、組織集団を成長させたり変革したりしていかねばならない。

組織集団の力を開発したり変革したりする方法としては、OD(オーガニゼーション・デベロップメント)といわれる組織開発の理論や手法があることも述べておきたい。

このように、人や組織を通じて効率的に仕事をすることが日々の役割行動である経営者や管理者は、個人に対する知識を深め、集団を扱う能力を身につけていかなければならない。そうでなければ、マネージャーとして期待される活動をすることは難しい。「人を通じるより自分でやった方が早い」という人は、マネージャー向きではないようだ。

自分でやるのではなく人や組織を通じて効率的に仕事をする。

59 リーダーとしての視点を持て

リーダーとは、意図した目標に向かいメンバーを行動させるために適切な働きかけを行う存在である。その観点からすると、リーダーとして成功するためには、以下の点をよく検討しなければならない。

第一に、リーダーの「意図」が正当かどうかということだ。リーダーが目標や目的を設定したとき、その意図が不純なものであったり、私利私欲に基づいたものであったりしてはならない。メンバーたちが理解・納得し、得心できるものでなくてはならない。

第二に、メンバーの能力や意識のレベルはどうかということだ。メンバーたちがベテランばかりで能力が高い集団なのか、また、逆に未経験の新人が多い集団なのかにより、働きかけの方法は異なってくる。

第三には、メンバーとリーダーの関係がよいかどうかだ。日頃からコミュニケーションの質と量が高められていて、人間関係が良好である必要がある。上司と部下の連携や一体感はどうか。

第四に、働きかけの方法やその質である。対象であるメンバーをリーダーの意図した目的に向かって行動させるために、どんな働きかけの方法を使っているだろうか。リーダーの想いにしたがって説明し説得するという働きかけにしても、やり方はいろいろある。職場内にベテラン社員が多く、リーダーが若年である場合などは「皆さん、どうお考えですか」というように「相談持ちかけ型」がよいだろう。また、意見を吸い上げる「参画型」で働きかけ、行動を促す場合もある。テーマによっては、それについてメンバー全員で話し合いをさせ、それに基づいて方向修正し、決定するという方法もある。

第五には、組織の状況がある。緊急の危機状況にあるか、比較的ゆるやかな状況にあるかによっても働きかけの方法は異なってくるのである。

五つの視点を常に検討しながら部下に働きかける。

60 状況を把握し柔軟に行動せよ

経営者や管理者の能力で最も大切なものは「状況認知力」と「柔軟な行動力」である。状況認知力でいう「状況」には三つある。「組織状況」と「職場状況」、そして「対面状況」である。

「組織状況」とは、自社の組織を取り巻く状況を的確につかむことである。具体的には、自社の事業を取り巻く経済や社会の状況、そして市場状況や競合他社の状況、またそれらを踏まえてのお客様の状況、そしてそれぞれのお客様からの期待や要請状況、お客様以外にも取引している銀行や仕入れ先など、様々な状況を把握することである。

「職場状況」とは、まず職場を取り巻く環境状況である。たとえば、上層部は何を考え、どんな方針を出し、どの方向に行こうとしているのか。それによって、自分の職場に対してどんなことが期待され、要請されているのか。それに対応して他の部署の動きはどうなっているのか、他部署からの自部署への要請はどうなっているのか等をつかむことである。また、職場の内部の状況もある。職場のメンバーは職場に対してどんなことを期待し、何を望んでいるのか。彼らの欲求や動機の中心になっているのは何か。また、多くのメンバーはどんなときに働きがいややりがいを感じているのか等である。

「対面状況」とは、目の前にいる相手（個人）やメンバー（集団）が、どんな状況にあるのか、彼らの気持ちや感情や意欲は今この場面でどのように動いているのかをつかみ取ることである。

このようにリーダーは組織状況、職場状況、対面状況を読み取り、柔軟に対応を変える行動力を持ち合わせていなくてはならない。

「組織状況」「職場状況」「対面状況」を把握し、対応する。

61 「ヒューマンウェア」に力を入れよ

会社経営で成果を出すには三つの要素を考えて手を打たなくてはならない。一つは「ハードウェア」、二つ目は「ソフトウェア」、三つ目は「ヒューマンウェア」である。

ハードウェアとは、設備や機械などのまさに形に表れているものである。そうした生産設備や諸々の性能を持つ機械なども、それを動かすソフトウェアがなければ、効率的に成果を生んでいくことはできない。売上面でいうならば、いくら営業用の車をピカピカの新車に替え、社内のパソコンをハイスペックの製品に入れ替えたからといって、業績が高まるとは限らない。マーケティングのノウハウや顧客管理のシステムなどそれらを運営するソフトウェアの質が業績を左右する。

しかし、ハードウェア、ソフトウェアをいくら質の高いものにしても、それを実際に行うところの人間や人間集団の問題がある。

これが第三のヒューマンウェアである。ヒューマンウェアとは、社員の能力や意識、ものの見方、考え方や意欲、そして組織集団の持つ風土や文化または職場の一体感や活力、組織の勢いであったりする。これらはすべてヒューマンウェアといわれるものである。

組織の成果を出すには、ハード、ソフト、ヒューマンのそれぞれを向上するように手を打つことが大切である。お金さえかければ解決できるのはハードウェアとソフトウェアである。設備を入れ替えたり、コンサルタントに依頼してマーケティングのノウハウを指導してもらったりするのはお金でできる。

ただし、その両者を動かすヒューマンウェアの向上は、一朝一夕にはいかない。社員の能力の向上には何年もの時間がかかるし、体質風土を望ましいものとして確立するには、何十年もかかる場合がある。長期にわたり様々な企業を見るに、ヒューマンウェアに継続して投資をしている企業が永続的な発展をし続けてきていることは事実である。

ハードウェアやソフトウェアだけでなく、それを動かす人への投資をする。

62 活き活きとした職場をつくれ

職場の活力とは「活」と「力」が統合されていることである。

活とは文字通り、活き活きとしていることであり、組織論でいうところの、組織の「健康性」の側面である。つまり、メンバーの欲求が充足され、活き活きと働きがいを持って仕事をしているということである。

「力」とは、力ある職場のことである。組織論でいうところの組織の「効率性」の側面である。つまり、少ない経営資源（人・モノ・金・情報）でいかに多くのアウトプットを出すかということである。アウトプットとは、売上や利益の向上であり、コストダウンや新商品開発、サービス向上なども含まれる。

ときどき、経営者や管理者の方々から「売上や利益が上がってさえいれば、職場は活き活きするものですよ」という声を聞く。ところが、売上が伸びて儲かっているという職場に行ってみると、メンバーは輝きを失い疲れ切って、死人の集団のような職場になっていることがある。

一方、「活」の側面が高く、皆が活き活きとしてやりがいを持って仕事をしている職場は、次々に新しい商品や新しいサービスを生み出し、皆が楽しく幸福そうに活動しており、そうした動きの結果として売上や利益が出ているものである。

活き活きとして皆が幸福感をもって日々活動しているような職場をつくることがまずは大切である。そのためには、彼らの欲求や動機を満足させる努力をしなくてはならない。つまり「達成感を得させる」とか「向上していることの喜びを感じさせる」とか「職場の中の自分の存在感を味わわせている」とか「自分の仕事そのものが世のため人のために役立っていると感じさせる」などの側面である。

経営者や管理者は、売上・利益といった業績向上面に目を向けるだけではなく、メンバーの活き活き度に常に心を配り、手を打っておかなければならない。

メンバーが活き活きとするために何ができるかを考え実行する。

63 チーム力を強めよ

チーム力・組織力を強めるポイントは、次の五つである。

第一は「同じ目的、目標を持っている」ことである。したがって、その目的・目標は「見える化」して示し、皆が共有し自分のものとして立ち向かえるよう方向づける必要がある。

第二は「役割分有」である。その場その場の課題によって最も適した人がその役割を担うという組織のあり方である。イニシアティブをとる人間が固定化してしまうのは、組織にとって望ましいことではない。マネジメントとは「仕事と人間とを結びつける」ことなので、それぞれの特性・能力に合わせて最もぴったりした仕事や課題を状況に応じて与えることが必要である。

第三は「オープンなコミュニケーション」である。上下左右お互いに何でも言い合える開放的な雰囲気づくりを日頃からしておくことである。経営者・管理者は決して権威的な雰囲気をつくらず、フラットでフレンドリーな雰囲気をつくった方が、現代の若者たちには受け入れられる。

第四は「相互援助関係の増大」である。援助関係とは、たとえば「君は人を注意するとき、言葉にとげがあり、相手を傷つけてしまうことがあるから気をつけた方がいい」「あなたは人の話を最後まで聞かず、自分の意見を強く主張するので、他の人たちが発言しなくなるから気をつけよう」など、相手が役割を遂行する上での問題や障害を指摘し合うなどして、お互いが望ましい仕事ができるよう援助しあう関係を指す。

第五に「ウチウチ感情を高める」ことである。「ウチの職場は」とか「ウチの事業部は」「ウチのメンバー」「ウチの商品」という言葉が使われるようになるのは、職場・組織に対する愛情と帰属意識が高まったしるしである。経営者・管理者はこうした意識を高めるよう、日頃から様々な働きかけを工夫する必要がある。

五つのポイントを日々意識してメンバーに接する。

64 共有化に配慮せよ

組織運営の三点セットには、「共有化」と「ベクトル合わせ」「エネルギーづくり」があるが、最初に手をつけるべきは「共有化」である。共有化を行っていく上で比較的容易なのは情報の共有化と知識ノウハウの共有化である。

難しいのは、考え方や価値観の共有化である。これらが共有化されてくると、問題も共有化しやすくなる。管理者が「問題だ問題だ」と騒いでも、一般社員はそれほど問題に対する意識が高くない場合がある。いわゆる「温度差がある」という状態である。

これは普段から情報や知識の共有化がなされていなかったり、仕事に対するあり方・考え方の共有化の機会がなかったりすることによるものである。

共有化の中で最も困難なのは、経験の共有化である。近頃では、企業に同じように新人として入社して同じように育った人間だけではなく、他社からの転職組も多く、「経験則」

なのである。

（経験から学習した法則性）がそれぞれで異なるので、その部分を共有化することが困難

また、気持ち・感情の共有化も必要だ。会議終了後など、二、三人のメンバーで飲みながら「うちの部長、最近の現場のことをわかってないね」「本社はいつも無理難題を押しつけてくるよ。特に担当の○○さんのクールなものの言い方にはまったく頭に来る！」などと言っているのもそれである。

このように様々な面からの共有化が進むと、ベクトルが合ってくるようになる。ベクトルとは、力の向かう方向である。誰かが新規開拓の方向に向き、別の誰かが昔からのお客様を大事にすることが重点だと考え、また別の誰かがコストダウン第一だと主張し、メンバーの心の向かっている方向がバラバラであれば、集団としての力は削がれてしまう。

共有化が深まり、ベクトルが合ってくると「よしやろう」「皆で力を合わせて頑張ってやり遂げよう」というように、集団の意欲とエネルギーが醸成されてくるのである。

「情報・知識」「考え方・価値観」「経験」「気持ち・感情」の共有化を進める。

65 潜在力を引き出せ

職場には様々な力が潜在している。それは、個人に潜在する能力であったり、集団の潜在能力であったりする。

第一に、集団の潜在能力を引き出すことが大切だ。集団の潜在能力とは、言い換えれば非効率が存在していることになる。腕利きの営業マンが揃っているのに、なぜかお互いに歪んだライバル意識を持ち、力と力が相殺して、そもそもの持っている力が全開できないというような状態である。原因は相互のコミュニケーションがよくなかったり、お互いへの誤解があったりすることにある。

このような状況が長く続くと「職場の人間関係が悪いから会社を辞めます」となり、職場からの離脱につながることになる。

以前は活力があり業績も向上していた職場であっても、長い年月の中でコミュニケーションのパイプが詰まり、仲間同士の心のベルトが緩み、機能障害が生じてくるものだ。皆の能力が全開できないのはなぜなのか探り出し、手を施すことにより、そもそも持っている職場の潜在力を発揮させる方向に導くことが可能となる。

第二には、一人ひとりの眠っているパワーを引き出すことである。私たちの周りには仕組みや風土そして管理者のマネジメントのあり方が悪いために、個々人の能力や可能性を活かしきれていない職場がたくさんある。

自分の力をフルに出し切って十分に職場に貢献していると思っている人は、仕事や職場生活への満足度が高い。力を出し切っておらず、上司や周りからも認められていないと感じている人は意欲や気力を失い、次第に悪感情を抱き、職場を去っていく。

第三には、相乗効果を生み出すことである。職場は人と人との関わりの場、人と仕事との関わりの場として存在している。互いに影響しあうことによって相乗効果が生まれ、そもそも持っている職場の底力を発揮できるというわけだ。

個人と集団の潜在能力に同時に目を向け、発揮できるようにする。

66 理想的な職場を実現せよ

理想的な職場をつくるポイントは七つある。

第一は「目標が明確に打ち出され、一人ひとりが自分のものとして受け止めている」ことである。いつまでに、何を、どの程度やったらよいのかがはっきりと示されており、その目標に対して個々人が当事者意識を強く持って受け止め活動している必要がある。

第二は「参画と同意によって、職場の動きが決められている」。職場の目標や活動など進むべき方向を決めるとき、どれだけメンバーを参画させているかが大事なポイントになる。参加度合いが高くなるにしたがって、決定したことへの責任意識や意欲も高まり、また、それを達成したときの達成感も高いという行動科学の実験結果もある。

第三は「問題解決のための意思決定が情報源に近いところで行われている」。対応のスピードが大切な時代なのだから、そのつど上層部に意見を尋ねたり意思決定を委ねたりせず、実態を知り現場感覚を持っている者が責任を持って決定し実行する方がよい。

第四は「メンバーの持っている能力を有効活用している」。これは述べるまでもなく、状況に合わせ、メンバーの特性や能力を最大限に活かす形で仕事と人とを結びつけていくことである。

第五は「仕事を進める上での考え方について、話し合いを繰り返し、価値観の共有をしている」。仕事に対する考え方・価値観が異なると、余計な葛藤を生じてエネルギーが削がれてしまうことが多いので、共有をしておくことである。

第六は「コミュニケーションは上下左右とも敏速的確に行われ、お互いのやりとりもオープンで開放的である」。職場の活力が失われ、人間関係が悪化し、一体感やチームワークが保てないのは、ほとんどが上下左右のコミュニケーションの問題による。

第七は「形式や習慣にとらわれず、創造や革新を大切にしている」。過去の体験や先入観にこだわらず、新しいものを創造し、革新を好む風土を形成していくことである。

職場を現状通りでよしとせず、理想に向けて行動する。

67 職場の問題を解決せよ

職場の力を引き出すためには、その前に職場内の問題を解決すべき場合もある。問題解決には、しっかりとした段階を踏む必要がある。

その第一段階は「問題の共有化」である。これは、メンバーそれぞれが問題と思っていることをすべて吐き出し、それを共有化していくことである。職場の中で発言力のある人や地位の高い人の発言ばかりが多くなりがちであるので、順番に一人一項目ずつ自分の考える問題を発表したりする方法をとるとよい。そのことを問題として取り上げた理由、背景や実際の出来事などを説明してもらい、メンバーの共感を生むようにすることである。

第二段階は「重点課題の設定」である。出された多くの問題の中から、緊急性や重大性を考え、メンバーの「何とかしたい」という気持ちの強いところから優先順位を定め、重点課題を三、四項目設定する。

第三段階は「学習と解決策づくり」である。コミュニケーションに関する問題が多いとすれば、「望ましいコミュニケーションはどうあるべきか」を学んだり、「他社で実施されている方法論」を情報収集したりしてメンバー全員が学んでいくことである。そして、学んだことや他社の事例などを参考にして、われわれの職場として具体的にどう手を打っていくのか、皆で方法を考える。この場合、実施することが難しい内容もあるので、「効果性」とともに「実現可能性」を考慮し、具体策を詰めていく。当然のことながら、いつまでに誰がやるのかスケジュールと担当を決めるなど、実施のための詰めをしっかりとしておかなければならない。

第四段階は「実施とフォロー」である。これは決められたことをスケジュールにしたがって実施し、一か月後や三か月後など、ある一定期間が経ったなら、実際に「手の打てたこと」、「打てなかったこと」、また、その「成果」や「残される課題」などを全員で集まって論議し、今後の活動をどうしていくのか、さらに詰めなおしていく段階である。

全員で問題を出し合い、優先順位を決め、学習し、方法を決めて実践する。

68 個人の「したいこと」を会社の「するべきこと」にせよ

経営者や管理者は「これは会社の方針だから『やらねばならない』、何があっても『するべきだ』」「ニーズとしては○○が第一にある」など、するべきこと・やらねばならないことを振りかざして、部下をコントロールしようとする場合が多い。

しかし「するべきこと」はどうしても機能的で冷たい感じが残り「さあ、やろう！」という熱き想いが沸き上がりにくい。それにもかかわらず、経営者によっては「このままだと会社は潰れる！」などと危機感を煽るようなことも多々見受ける。

危機感を煽って部下たちを動かそうとする気持ちはわからないわけではないが、そうした場合のメンバーの意欲や感情がどうなっていくのか、考えなくてはならない。

まずは、彼らの「したい、やりたい」ことを挙げさせてほしい。彼らがやってみたいこと、やりたいことの中には情熱、意欲、エネルギーが含まれている。彼らの「したいこと」

を集めてみれば、実は会社の「するべきこと」と重なっている場合が多い。それは私の体験から言える。

会社側の「するべきこと」とメンバー側の「したいこと」が一致している職場は、日頃から経営者が情報を共有化したり、会社の向かっている方向や進捗の現状を発信したりしている。また、管理者が理念や価値観の共有化をしている。こうした職場は、会社の「するべきこと」と個人の「したいこと」の重なりの度合いが非常に厚い。

皆の「したいこと」を会社の「するべきこと」にするのが、経営者・管理者の手腕である。

会社の向かう方向や現状、理念や価値観の共有化を進める。

69 知識だけでなく実践力を身につけよ

私が師事していた一橋大学名誉教授の故山城章先生は、ＫＡＥの理論を打ち出していた。

Ｋとは、Ｋｎｏｗｌｅｄｇｅで、知識のことである。

Ａとは、Ａｂｉｌｉｔｙで、実践力のことである。

Ｅとは、Ｅｘｐｅｒｉｅｎｃｅで、経験のことである。

これは「いくら知識を学んで経験を重ねても実践力である腕前が上がらなければ意味がない」ということである。

本社側のスタッフによくいるタイプに、頭が良く理論をこね回し、もっともらしく発信しているものの、現場の経験もなく、それを行う実践力もないので「あいつは頭でっかちの理屈屋だ」と現場から嫌われている人がいる。

経営者や管理者は経営学をいくら学んでも、経営学者や経営評論家になるわけではないのだから、それを実践し具体的な成果を出していかねばならない。

Ｋ＝知識を学んだら、それを実際の場面で、Ｅ＝経験し続けて、Ａ＝実践力を向上させなければならない。また、当初の実践力レベルがＡであった経営者も、Ｋで学んだことをＥで経験することにより、実践力をＡ'にしてさらにＡ"に向上させていかねばならない。

経験を積んで実践力が上がった経営者は、自社に合わせて自分なりの経営学を開発するわけである。この開発した自社向けの経営学が、新しい次の理論（Ｋ"）となり、また、その新しい理論に基づいて新たな経験を積む（Ｅ"）ことによって、さらに実践力は次のレベルにステップアップしていくというわけだ。

このようにＫＡＥがスパイラル状に上昇するように能力開発をしていくことが望ましいあり方である。

知識を経験に変え、実践力を上げていく。

70 積極的に後輩経営者を指導せよ

三年生になれば、二年生までは教えることができる。六年生になれば、五年生までを教えられる。ところが経営者の中には「自分は社長になって間もないから」と言ったり「まだまだ私などは勉強不足ですから」などと言って、後輩経営者に対しての指導を拒む者がいる。

謙遜するのもいいが、「三年生になったら二年生までは教えることができる」の精神で積極的に部下や後輩経営者を指導すべきである。なぜならば他人に教えることによって自分なりの経営理論をさらにかためることができるからである。

大乗仏教の教えの中に、自分が悟ったり修行したりするだけではいけない、自分が悟ったり修行したりした結果はたとえレベルの低い内容であったとしても周りの人たちに伝えて、皆を大きな船に乗せて「一緒に行こうではないか」と働きかけ、導かねばならないという考え方がある。われわれはこれを大切にしていきたい。

自分だけが修行をして、自分だけが立派になったとしても意味がない。より多くの人に広めていこうという考え方をしてほしい。

自分の周囲にいる経営の道を求めている者同士でお互いに教え合うということは大切なことである。そこから新たな気づきが起こり、創造的な経営法を編み出せるのだ。

経営者は常に時代に合った、また自社に合ったマネジメントを開発し続けなくてはならない。


経営を教え合うことでさらに新たな経営法を編み出す。

第7章 ◉ 部下を育てよ

71 自ら伸びようとする芽を生かせ

能力開発の重要性を強調し、部下を育てることを管理者に促すと、「近ごろは、部下の方が知識量が多いですから私が教えるものは何もありません」とか「ＩＴ系の知識や情報は若い人の方が多く持っていますから、私が逆に教わる側です」などと言って、部下指導を避けようとする上司がいる。だがこれは『教え授ける』ことが教育だ」という「注入方式」の考え方に基づく発言である。

教育に関する考え方には「注入方式」と「開発方式」がある。注入方式というのは、水を高い位置から低い位置に注ぎ込むように、知識や経験、情報量の多い者が少ない者に注ぎ込むように教育するという考え方である。この考え方でいると、先ほどの例のように自分の知識や情報が部下より少なければ注ぎ込むことはできない、となるわけだ。

一方、開発方式の考え方は、本人に自己を伸ばそうという気持ちやエネルギーがあり、伸ばす方向も自ら考えているはずだから、それを助けるだけでいいというものだ。

文豪・吉川英治の句に「この先を考へてゐる豆のつる」というのがある。これは、豆のツルでさえ、この先をどこに絡ませようかと考えて伸びているという意味である。まさにこの句のように、人間も自分がどう伸びていくかを考えているのだ。

したがって上司である経営者や管理者は、伸びようとする豆のツルに絡む棒をさしてやるのと同様に、部下に対して援助を行ったり、伸びようとするエネルギーを醸成したりすることが役割となる。

具体的には、会社の向かっている方向や本人の未来に必要な能力を示すなどして、能力開発の方向性や場づくりをする。また、成功した能力開発の事例を紹介し、本人が自ら伸びようとする芽を生かし、動機づけしてやることである。

本人が努力をした後には、成長したことを認めて褒め、達成感や承認の欲求を満たしてやることを忘れてはならない。


教え込むのではなく部下が自ら伸びるのを援助する。

72 計画的に指導せよ

部下指導を行うことを強調すると、管理者の中には「指導などあらためて行わなくとも仕事を任せておけばそのうちなんとかなるものです」「問題が起きたとき、そのつど指導するようにしています」という考え方の人がいる。

このように「そのうち」なんとかなるとか「そのつど」教えてやるといった指導を「行き当たりばったり指導」と私は呼ぶ。部下の指導育成は意図的・計画的に行わなければならないのはもちろんである。

・いつまでに
・どんな能力を
・どのレベルまで

を前もって考えた上での育成努力を行わなくてはならない。

具体的には、たとえば新入営業マンの場合なら「一か月以内にA系B系の商品知識をマスターする」でよいだろう。次の段階としては、同じA系B系の商品知識であっても「三か月以内に他社競合製品との比較の上で説明ができるようになる」というふうにする。一年後のレベルは「我が社の商品の特徴をお客様の問題解決に役立つよう説明できるようになる」となるかもしれない。

このように同じ商品知識の向上であっても、期間によってその到達状況レベル、目標レベルを明確に示し、そこに向けて部下の努力を促すとともに、上司はその計画に合わせて支援していかねばならない。

単に「商品知識を早く覚えて、お客様にうまく説明できるようになれ」と言うだけで放ってしまっては、部下もどうしたらよいかわからない。

「いつまでに」「どんな能力を」「どのレベルまで」を考えて指導する。

73 経験の場をつくり出せ

私は部下の育成を行う上で大切なことは「経験の場づくり」であると訴えてきた。

以前、私のもとにTさんという女性スタッフがいた。結婚することが決まったとき、彼女は「料理を習う時間もなかったので、まるで料理ができないのです」と私に語った。

そこで私は「五か月後の結婚までには、どんな料理ができたらよいのか?」と尋ねた。すると彼女は「彼は和食が好きなので、少なくとも和食十種類と、お酒のおつまみ十五種類ぐらいは作れるようになりたい」と言う。

私はそれから、昼食時やお客様との会食に彼女を同席させるときなどは、和食の店のみに行くことにした。そして、出てきた皿を指さして彼女に「料理の並べ方をよく見ておきなさい」と言った。料理人にその料理の作り方を質問し、彼女にメモさせた。また、週刊誌などに料理のレシピが掲載されていたときは、そのページを破り取って彼女に渡した。

そんなことがあった翌週の月曜日には、決まって彼女が作った料理がタッパーに入れられて私の目の前に出てくる。その料理を二十品くらい食べて感想を述べた。こうして五か月後に彼女は目標通りの料理ができるようになり、自信を持って結婚したのである。

この話で重要なのは、私は料理を一品も作ることができないということである。つまり、自分に能力がなくても、部下の能力開発はできるのである。具体的には、知識を得る方法をアドバイスしたり、実際に体験する場を設定したり、達成感を味わわせたり、承認したりすることで本人の自主的な学習を促す。

このように学びの経験の場をいろいろ組み合わせ、設計することである。

部下の能力が伸びるような経験の場を設計し、提供する。

74 六段階法で身につけさせよ

「いくら言っても部下ができるようにならない」という上司がいるが、言って能力が身につくものではない。「やってみせ、言って聞かせて、させてみて、褒めてやらねば人は動かじ」という山本五十六の言葉は有名である。ここでは、教え方の六段階法を紹介する。

第一段階「説明する」。まず学ばせようとする内容を説明し、実践上の留意点などもこちらの経験から伝えていくことである。

第二段階「見習わせる」。自分が実際にやっている姿を見せてメモを取らせるなど、しっかりと見習わせることである。やりながら「ここはこうして」「ああして」と、成功のツボやコツなどを伝える。

第三段階「実習」。見習った通りの手順で実際に本人に実習させる段階である。細かい点に口出しをせず、問題点や難しい点に自ら気づかせ、体得させる。そしてやり終わった後で質問を受け、再度やって見せるなどして完全に習得させる。

第四段階「分担させる」。たとえば、会議の司会や進行などの一部を担当させたり、営業でいえば商品説明のときに一部を担当させるなどする。すべてを任せずに分担範囲を四分の一とか三分の一などから、少しずつ増やしていくようにする。

第五段階「代行させる」。責任はあくまで上司が持ち、「私の代わりにやってくれ」と代行させる。たとえば会議の進行を代行としてやらせ、自分は後ろの方に座って、問題がありそうなときだけ出ていくというやり方である。

第六段階「担当させる」。ある程度能力がつき、できそうであれば思い切って担当させ、権限も委譲し、相手が自ら質問を持ちかけてくるまで横から口出しせず、見守り機能に徹する。

細やかな六段階を踏んで、部下が自分でできるところまで導く。

75 態度教育に力を入れよ

能力には、知識、技能、態度がある。

「知識」とは「知っている」ことであり、たとえば営業であれば新規訪問のやり方、商品説明の仕方などを知っている、わかっているということである。しかしいくら知っていてもそれができるとは限らない。ましてや、よりうまくできる、それによって優れた結果を生み出せるということは、「技能」レベルの問題である。

「態度」とは、仕事に取り組むときのあり方であり、考え方・取り組み方といった態度のことである。「一生懸命改善をしようとする」「お客様を大切にし、自分の身を多少犠牲にしてもお客様のために徹底して尽くそうとしている」というのは、態度の問題である。

前項でも述べたが、経営者や管理者の中には「あの部下はいくら言ってもできない」と語る人がいる。しかし、言ってわかるのは「知識」だけである。つまり、知識学習と技能学習とはおのずと違うのである。

上司が講義をしたりテキストを読ませたりと知識の研修をしたからといって、必ずしもうまくできるようになるとは限らない。何度も何度も繰り返し実践し、腕前をつけるという体験による学習が大切になってくるということだ。

また、この体験学習を実践の場で行うことで、職場の同僚との関わり方やお客様に向かう姿勢、心構えなど態度教育をきちっと実践しなければならない。

知識学習と技能学習、そして態度学習を効果的に組み合わせて初めて、より望ましい行動がとれるようになる。中でも、態度教育が最も大切である。頭が良く知識は身につけており、技能も持ち、弁舌さわやかに様々なテクニックを駆使してお客様に接するが、なぜかお客様に嫌われる人間がいる。これは態度教育がされていないことによる問題である。お客様に接するときのあり方・考え方をしっかりと身につけさせ、誰からも頼られ、好まれる人物を多く輩出したいものである。

能力には知識、技能、態度があるが、最も大切な態度の教育に力を注ぐ。

76 部下が自ら学ぶことを促せ

能力を開発するのには、四つの方法がある。

その第一は、集合研修である。これは、よく研修部門などが行っている。ニーズの合う特定の階層を教室などに集合させ、知識を学んだり、情報を共有化したり、また、ときにはロールプレイングなどを駆使し技能も習得させるなど、集って学び合う学習方法である。しかしこの研修方式は、画一的なものにならざるを得ないので、個々のニーズや問題解決に対応できるとは限らない。

第二は、ＯＪＴといわれる方法である。これは職場内での仕事を通じての個別指導であり、個々の悩みや問題、また能力のレベルに応じて、意図的・計画的に仕事を通じて実践するものであり、目標や当面の仕事に直結しているので即効性がある。

第三に、ＩＳＴという方法がある。これはインショップトレーニングといって、職場内で数人のメンバーが集まり（小さな集団で）、職場に当面必要とされている能力を自分たちの手で自主的・主体的に学び合い学習していく方法である。

第四は、ＳＤ（セルフ・デベロップメント）といわれる自己啓発である。「能力開発の基本は自己啓発である。だから勉強はそれぞれ自分ですべきである」と、部下にお任せ、放任してしまう上司によく出会う。しかし自己啓発といっても、上司側が「この本を読んで一週間以内にレポートを出しなさい」とか「新商品の発表に伴い、新規ルートの開発について君なりの意見をまとめて、来週金曜日、皆の前で発表しなさい」などと課題を与えるべきだ。そうすることで、部下は学ばざるを得なくなり、上司に提言するために自ら情報を集め練り上げるなど、努力をするに違いない。

このように経営者や管理者は、部下が自ら学ぶことを促進する自己啓発の仕掛人でなくてはならない。

自己啓発といっても放任ではなく部下が自ら学ぶように仕向ける。

77 相手の気持ちをつかみ取れ

コミュニケーションには二つの側面がある。

一つは「話すコミュニケーション」であり、もう一つは「聴くコミュニケーション」である。経営者・管理者の多くは、話すコミュニケーションには関心を持ち、その能力を高めているが、聴くコミュニケーションについては、意外と抜け穴になっている。

言葉には意味・内容とともに、その背後にある気持ち、感情、意図がある。この表に現れないものをどうつかむかが大切である。

「このやり方でやってくれ」と上司が言って、部下が「はい」と応えたとしよう。そのとき、「はあーい」と語尾を不満そうに伸ばしたり、目をそらせて小さな声で「はい」と言いながら口先を尖らせたりする場合がある。これらは言葉では「はい」と言いながら、心では不満を表している。

このように、相手の表情や態度、息遣いなどから言葉の背後にある気持ち・感情をつかみ取り、それに対応していくことが大切である。そのためには相手の言葉の内容だけでなく、つかんだ相手の気持ちを自分の言葉に直して相手にフィードバックすることである。「君が言っていることは○○であり、しかし実際にやる段階では□□してしまうなどの問題があり、気持ちとしては大変なことだと思っているわけだね」というように返すわけである。これにより相手は、違っていれば「違う」、合っていれば「その通り」と言葉や表情で訴えてくる。この方法は「積極的傾聴法」という。

人はそれぞれが今まで生きてきた経験から生まれた「経験則」や「知識」「価値観」などを持っている。これを「枠組み」という。相手の立場に立つということは、自分の枠組みを少し横に置いて、相手の枠組みの中に入って聴く聴き方である。「自分の枠組みが絶対に正しい」という前提に立ってモノを語り、その枠組みを基準に人を裁いたり評価したりすることは慎まなければならない。

相手の立場に立って、表情や態度から気持ちを推し量りながら聴く。

第8章 ◉ 志高く情熱的に生きよ

78 常に水の如く活動せよ

私は若い頃から中国古典の教えである「水の如く」が大好きであった。「自ら進み他を動かし得るは水なり」のそれである。

私は山中の修行にて、雨の日に流れる水を眺めて瞑想していることがあるが、そこから学べるものは実に多い。急斜面ではあらゆるものを巻き込んで下流に向かって勢いよく流れていく。私は高い場所から眺め「きっとあの水は大海を夢見て、志に向かって流れていくのだろう」と思う。

私が修行する信州佐久の荒船山の修験道場には分水嶺があり、一方は日本海に、一方は太平洋に水が流れる。

私の修行で寝泊まりしている場所は日本海側に面しており、そこを流れる小川は千曲川に流れこみ、遠く川中島から信濃川になって最終的には日本海に向かっている。

私の目の前の一滴の水滴もきっと時間をかけて日本海に到達しているに違いない。その小川に小枝や葉が溜まり、流れの障害となって水が堰き止められることもある。

しかし水は堰き止められても少しずつ力を蓄え、今度は堰を切って一挙に勢いをつけ下流に向かって流れだす。障害にあって落ち込む経営者や管理者を見受けるが、この小川のような性を持っていてほしい、と思う。

荒船山は海抜千四百メートル、霧も多く、雨も多い。下から見るといつも雲がかかっている。虹が立つと、思わず拍手をしたいくらい美しい。

下から見上げる雲は、その中にいると霧である。この霧はいずれ水滴となり雨となる。気温が下がると雪となり、零度以下になると水は氷となる。しかし、もとの性、つまりH_2Oは変わりない。このように管理者も一つの姿や働き方でなく、これという核（H_2O）を失うことなく姿かたちを変えて部下や組織に働きかけていくならば、どんな状況の中であっても必ず想いは成就するというものだ。

どんな状況でも姿かたちを変えて部下や組織に働きかけていく。

79 こだわらず、とらわれずに生きよ

八万四千のお経の要約版という、わずか二百六十二文字の般若心経というお経は「とらわれるな、こだわるな」と発信している。中でも「色即是空　空即是色」という言葉はよく知られている。「空」とは実体のないことを表している。つまり、暑いも寒いも、うまいもまずいも実体はなく、それは「あなた自身の基準で物事を推し量りこだわっているだけ」という意味だ。

般若心経の最後の方に「無罣礙（むけいげ）」という箇所がある。「罣礙」とはこだわりだから、それに「無」が加わって、「こだわることなかれ」ということになる。

経営者や管理者の中には、過去に部下・同僚から会議の席上などで恥をかかされた等のことを根に持っていつまでも引きずりこだわっている人がいる。第三者的には「そんなこと大したことないのに」と思われることであっても、本人にとっては大切なこだわりなの

だろう。

　こだわりといえば自分の考え方に頑なにこだわっている古参の営業マンがいる。「営業とはこういうものだ」「足が基本だ、一軒でも多く歩け」などと後輩たちにハッパをかけている。世の中は変化しているのに、自分のやり方・あり方にこだわり続け部下から煙たがられている姿をみて気の毒にさえ思う。

　自分のやり方・考え方に強くこだわって曲げない人を昔から「頑固者」と呼んでいる。小川の流れを見ていると、木の根っこがあっても引っかかってこだわることなく、岩があっても岩にこだわらず、ただ目的に向かってさらさらと流れている。一つひとつ細かい物事に突っかかっていては、事は運ばず自分も周囲も疲れてしまう。

　経営者・管理者は、日々の活動の中で寛容の心を持ち、こだわらず、とらわれずに流れていくよう、自己の生き方や考え方の修練をしていきたいものである。


自分の基準や考え方・やり方にこだわらず、人と関わり、仕事をする。

80 変えられない事実を肯定的に捉えよ

変えられない事実をどう捉えるかで、その人の人生は決まってしまう。たとえば、雨の日に車を走らせて誤ってスリップし、ガードレールにぶつかり、前のフェンダーが損傷してしまったとしよう。

そんなとき「ああ、よかった。このくらいの破損でけがもなく幸運だ」と捉えることができればよい。「大変だ、えらい目にあった」といって家族に愚痴の電話をかけたところで、不幸を撒き散らすだけで破損した車が直るわけではない。変えられない事実に出合ったときは、すべてを肯定的に捉えるべきである。

ある日突然に雨が降ってきた。「いきなり土砂降りだ。これは大変だ」と不満を言って否定的に捉えても、心が沈むだけで雨は絶対に止むことはない。「この雨のおかげで今日一日落ち着いて腰を据えて仕事ができる」とか「植木や野菜に水をやらなくてすむ」と受け止めることである。

私たちの周りには自分の努力で変えられるものと、自分がどれだけ努力しても変えられないものがある。雨が止められないのと同じように、景気は変えられない。アメリカの動きも中国の政治の影響も変えられない。

変えられない状況をどのように受け止めるか、どういう手を打ったらいいのか、どう行動すべきか考えることが大切である。変えられない事実について、いつまで悔やんでも、不平を言い続けても、時間と心のエネルギーが奪われるだけである。

変えられない事実を受け入れ、肯定的に捉えてどういう手を打つか考える。

81 自分の幸福度を高めよ

「自分は幸福なのか、不幸なのか」ということは、その人の捉え方の問題である。

外から客観的に見れば、三階建ての立派な住宅に住み、外車も二台所有し、子どもたちも一流の大学に入り、幸せいっぱいでうらやましいと思えるような家族にもかかわらず、不幸感いっぱいで過ごしている経営者がいる。

彼は、今の幸福を味わうことのできない人間なのである。彼は自分を取り巻く状況をもっと見つめ直し、こんなに良い条件が整った「幸福な人間である」という再認知をする必要がある。

自分で自分の幸福な事柄を一つひとつ拾い上げ、それを並べ積み重ねて、「自分はなんて幸福なのだろう」と幸福の再発掘をしない限り、彼は不幸で悲しいドラマのヒーローを演じきって人生を終わらせてしまうことになる。

目の前にあること、過去の出来事、未来への希望などの中に幸福になる材料は潜んでいるはずだ。読者の皆さんにはぜひ、この瞬間から、幸福感を育成していただきたいと思う。

今この本に出会ったことの幸福を味わい、またこうしてこの本に目を通す時間があることの幸福を味わうことである。

そうして小さな幸福を積み上げ、「当たり前」と思っている状況の中から幸福であることの材料をとりあげ感謝の想いを高めると、今の状況のままに、さらに幸福になっていくことができるのである。

自分が幸福である材料を見つけ、今のままで幸福になっていく。

82 肯定的な言葉を使え

日本人は昔から「言葉には言霊という魂が宿る」と考えてきた。したがって、「できるだけ前向きな言葉を口から出しなさい」と人生の先輩たちは伝えてきた。また、「自己の想いや志は言葉に出して発信せよ」と先達の企業家たちは教えてきた。

昭和の多くの経営者に影響を与えた思想家に中村天風という人がいる。この人は、「肯定的に生きよ」として、日常生活の中で「困った、弱った、参った、もう駄目だ」など後ろ向きな言葉を出さず、「いいね、面白い、できる、やろう」などの肯定的な言葉を使いなさいと説き続けた。

特に、リーダーたちがメンバーに向かって口から出す言葉は魂が宿りやすい。したがって、志高く想いのレベルの高い言葉を発し続けなければならない。

「この想いは世のため人のために行うことなので必ず成就する」と部下たちに語り、勇気づけるのである。その想いの高さ、輝く志の旗印に多くの人々の心がなびくに違いない。

私の友人の中には、自分の使う前向きな言葉や勇気づける言葉のリストを持って使いこなしている者がいる。「部下を讃える言葉」「部下を勇気づける言葉」「相手をなぐさめる言葉」などである。

経営者・管理者は、相手を前向きに行動させる言霊を使いこなさなくてはならない。

常に肯定的な言葉を使って部下たちを勇気づけ、前向きに行動させる。

83 志を語り合え

NHKの大河ドラマに、吉田松陰の妹が主役になった『花燃ゆ』という作品があった。このドラマの中で、毎回出てくるのは「志」という言葉であった。

ドラマの中で、吉田松陰は「君の志は何かね」と周りの人たちに問う。吉田松陰やその仲間たちの死後、ドラマの主人公であった松陰の妹は、最後まで「兄や同志の皆さんの遂げられなかった志を継承して……」などという台詞を口にして人々の魂を揺さぶっていた。

吉田松陰の師匠である佐久間象山は、昌平坂学問所で学んでいた。そこのメイン講師である佐藤一斎の「リーダーのバイブル」といわれる有名な書に『言志四録』がある。佐藤一斎が最初に書いた『言志録』から晩年まとめた『言志晩録』までの四部作である。言志というくらいなので「志」を中心に全部で千百三十三項目の金言がある。

西郷隆盛がこの中から百一項目取り上げた『南州手抄言志録』は今でも多くの企業家た

ちに読まれている。

リーダーは常に自己の志を問うとともに、周りの人々に対しても「君の志は何か」と問い、語らせる必要がある。また、その志は『言志四録』や中国古典等に学んで自己のあり方をきちんと確立した上で、それに基づいた志でなくてはならない。単なる自己の願望や欲望に基づく夢物語であっては、大志として人々を導くものとは成り得ない。

志高き同志たちがときには集い、大いに語り合うことをすすめたい。近ごろの経営者や管理者は志も低く、単なる目前の利のみを追う寂しい状況がある。そこから脱出する意味でも、志を語り合おう。

自己の志を問い、周囲の人々の志を問う。

84 高い志を持て

「私の夢は、一生懸命お金を稼ぎ東京郊外に三階建ての白い家を建て、庭には花をたくさん植え、大好きな子犬をたくさん飼うことです」と、ある会社の課長が目を輝かせて私に語った。

果たしてこれは志といえるのであろうか。単なる個人的な夢に過ぎない。自己の小さな欲望の延長である自己流「幸せ感」を求めて、一つの状況を夢見ているだけである。

志となると、同じ夢を描いていても「世のため人のため」、つまり公益に役立つような夢でなければならない。

自分中心の欲望を「小欲」という。天下国家の未来を考え、自己の立場から多くの人々の幸せを考えた欲望を「大欲」という。

経営リーダーはお客様や取引先、さらには地域社会、できればより広い社会や業界のために役立ち、より多くの人々を幸せに導く「大欲」を持たねばならない。これを想い、胸に描くことこそ、大志と言うべきであろう。

参考までに、カルピスの創業者・三島海雲の残した言葉を紹介しよう。

「人間である限り、欲望のない者はいない。だからこそ欲望は小さな私欲ではなく、もっと大きく国家・社会の利福をもたらすような欲望を持て」

「有意義なことを始めたら、必ず金のことから食べることへの心配はいらなくなるものだ。サラリーマンになって給料が少ないことなどに汲々とするな、そんな心がけではろくなことはできない。自分の生活がどうかという卑屈な考えは捨てよ。理想に向かってまっしぐらに努力することが大切だ」

人は大義ある志に魂を惹きつけられる。単に夢を語っても、「君の欲望実現に加担する気はない」ということになる。「公利公益」「国利民福」に心を向けて、世のため人のために血沸き肉躍るような志を掲げ、人々を動かしていきたいものである。

私欲でなく公利公益のための志を語り、人々を動かす。

85 誰のため何のためかを考えて行動せよ

自分のために尽くしたいという思いはさておき、まず「家族のために」という人もいるであろう。そして、社内においては「うちの職場だけうまくいけばいい」と思い、自職場のために一生懸命貢献している人も多い。

それはそれで素晴らしいことであるが、会社全体を考えた上での貢献活動でないと、ときとしてセクショナリズムに陥ってしまう。

「会社を思うことは当然ですが、私たちは顧客満足を考えているので、お客様をはじめ、取引先全体の望ましい姿を考え、貢献しています」と語る人もいる。

「社員や顧客だけでなく、『三方良し経営』で地域社会のことを考えて寄付やボランティアなどで貢献しています」と語る人もいる。

役職が上になると、所属する業界の役員等を引き受け、「業界全体の利益のために尽くしています」という人もいる。

このように、その人が「誰のため何のために貢献しようとしているのか」、その目的の軸が大切になる。

中には、「世界のため」「地球のため」に尽くしたいと語る人もいる。そこに目を向けるのは結構であるが、「分相応」という言葉もあるように、自分の能力と立場でどれだけ実践に移せるのかが問題だ。

実際に「世のため人のため」になる行動を確実に積み上げていきたいものである。

自分は誰のため何のために、どんなことをすべきか考える。

86　太陽のような存在であり続けよ

経営リーダーは常に太陽のように明るく温かく、神々しい光を発していなくてはならない。その光に心を向かわせる存在でなくてはならない。

私は山の修行で小雨の中を歩行禅しているときなど、林の中に雲の合間から光が差し込んできたりするとホッとして何とも言えない勇気をもらえるものだ。また輝く朝日などは神々しく、なぜか心豊かにさせてくれるものだ。

経営者や管理者は常に晴れ晴れとした太陽のような存在でなくてはならない。リーダーたるものが職場に入ってきただけで、周りがパッと明るくなるようであってほしい。

売上が思うようにならないからといって、不満・不安を表情に出したり、皆を鼓舞しようとして「このままでは大変だ」「会社がおかしくなる」「どうしてこうなってしまうんだ」「困った、弱った」などと後ろ向きの言葉を出すことはしてはいけない。

どんな状況下においても「大丈夫、まだやれる」「皆の力を合わせれば未来は明るい」「自信を持って楽しく頑張ろう」等、明るく前向きな言葉をたくさん使い、常に表情もにこやかでなくてはならない。

株主総会の席で社長が登場すると思わず拍手が湧いたという話を聞いたことがある。その話をしてくれた人は「まるでタレントの登場のようだった」と語っていた。その社長というのは、パナソニック（旧松下電器）の創業者・松下幸之助である。とにかく優しい、皆を包み込むような温かい光を発していたという。

多くの人々に影響を与える立場にあるリーダーは、常に存在そのものが太陽であり続けなくてはならない。

どんな状況下でも表情はにこやかに、肯定的な言葉を使い、周囲を明るくする。

87

情熱を発信せよ

私の友人の某コンサルタントは口癖のように「ミッション・パッション・ハイテンション」と言っている。「使命に向かい、情熱を持って、ハイテンションで進め」ということだ。

私も多くの企業家たちを見てきたが、創業者たちは圧倒されるような情熱を持ち、それを社員や製品に注ぎ込んでいる。ホンダがまだ中小企業だった頃、創業者・本田宗一郎は社員を集めてミカン箱の上に乗り「世界のマン島レースで優勝する」と演説しはじめた。そのとき側近が宗一郎の袖を引っ張って「あまり大風呂敷をみんなの前で広げないでください」と言うと「うるさい、俺はともかくやりてぇんだ」と地団駄踏んだという話は有名である。

リーダーという者は常に使命感に燃えていなくてはならない。そして熱く勢いをもってその熱と勢いで周囲の人々を感化し巻き込んで行動させなくてはならない。周囲の人々の心に火をつけるのが経営リーダーの役割である。

カルピスの創業者・三島海雲はモンゴルの兵が強いのは乳酸菌のおかげだと気づき、日本人のために「国利民福」の志を掲げ、八年半の歳月をかけてカルピスを開発した。資金がなくなっていくのを見るに見かねた味の素の創業者・鈴木三郎助が資金援助したという。

このように志を掲げ情熱を持って取り組んだなら、その姿にほだされて必ずや応援者・支援者が出てくるというものだ。経営リーダーは使命に燃え、みんなの期待を背負って当面達成すべき目標・課題に向けて情熱を強く発信し続けていくことが大切である。

常に使命感に燃え、志を掲げ、周囲の人々を巻き込んでいく。

88 志に共感し、共に歩め

「先生、私は自分がもう一人いてくれたらどれだけ助かるだろうと思うことがあります」

これは今までに多くの経営者から何度も耳にした言葉である。経営リーダーたちは自分がやりたいこと、やろうとしていることに共感し共に歩んでくれる人間を欲しているということだ。彼らは「社長、一緒に頑張りましょう」という言葉が大好きである。

人のやりたいことを共に思い、共に歩むことを禅の世界では「同事」というようである。相手がやろうとしていること、その志や想いの実現に向けて共感、共鳴し歩みを進めることこそ最大の施しであると説く。

私の周りにも同級生や兄弟、親戚などが幹部として活躍している企業が多い。「おまえがそこまでやりたいのなら」と竹馬の友が力を貸してくれ、互いに気心がわかり合っているので成功した事例は多い。

計算機でスタートし今では日本になくてはならない大企業となったカシオは兄の想いと志の下に次々と弟たちが集い、カシオ四兄弟が力を合わせて歴史に爪痕を残すような事業を次々と成功させた。

われわれも身近にいる上司や同僚が一体何を実現しようとして日々努力しているのか、その本質部分をしっかりつかみ、またときには忖度し、共に協働し前進していきたい。たとえ多少の誤差があったとしても、共に歩む相乗効果の中でそれは消えていってしまうものである。

人への施しの第一は、相手の望むことのために共に行動することである。

人の志を知り、共に歩んでその実現に協力する。

89
一流企業家のあり方に学べ

優れた経営者を見ているとなぜか共通することがある。私の周囲の成功者から慕われている企業家に共通している点を以下に紹介してみよう。

一、自分を肯定し、自分の価値を認めている。

新しいことにチャレンジするときも「自分は負けない」「絶対に成功する」という自己肯定感を持つ。自分の人生そのものが大好きである。

二、どんな状況下でも「自分ならできる」と信じ、頑張れる。

自分の得意な分野に自信を持ち、「自分なら必ずできる」と信じ、目標に向かって頑張り続ける力がある。

三、自分の感情を調整できる。

トラブルに出くわしても少しも動揺せず、不運に見舞われても落ち込まない。また、大きな損失や想定外のショックに対しても自分の感情をコントロールし、辛抱強く前に進むことができる。

四、何事にも楽観的に取り組める。

失敗したときも、想定外の障害にあったときも、「もうだめだ」と後ろ向きにならず、「今この問題が起きているのはきっと天が自分の次のステップのために与えてくれている試練なのだ」「次は必ずできる」と思える。すべてに楽観的、前向きに取り組める体質になっている。

以上に掲げたことは、一般に「自己効力感」といわれるものであるが、こういうあり方を目指して自分を修練していかねばならない。

一流の企業家の共通点に近づけるよう日々心がける。

第9章 ◉ 武士道精神を持て

90 日本人としての自分を振り返れ

明治の時代の日本は、世界の人々から立派な人物が多い国として敬愛されていた。日本人は「武士の美学」といわれる美しい生き方を追求し続ける文化を持っていた。

戦後七十年が過ぎて、日本の国風や日本人の生き方を振り返ると、日本人が継承し続けてきた日本の美しい心を失ってしまったように思われる。

また日本は経済的に豊かになってきた。新幹線が全国に張り巡らされ、高層ビルが立ち並び、多くの人たちが高級自動車に乗り、スマートフォンを手にしていない人を探すのが難しいくらいだ。

だが、このようにインターネットで世界とつながり、ＡＩが進化したからといって、心の幸福が得られるかどうかは、疑問である。

便利な生活ができるようになったからといって、幸せな人生を送ることができているとは限らない。日本人は今まで、欧米を真似て、機能的・物質的価値を追った結果、拝金主義の人間が多くなってきているのではないか。

拝金主義は企業の不祥事にみられるように、悪徳商法を生み出してしまった。また人々の人情の関わりは薄まり、心寂しい社会となっている。

ともするとわれわれも利益を追い続ける企業文化に染まり、日本人としての企業人のあり方を見失ってしまっているかもしれない。

読者の皆さんも自分を振り返り、拝金主義に陥ってしまっていないかを反省し、「人間にとって真の幸せとは何か」を考え、またその結果を友人とも語り合い、日々の自分を日本人としてどう生きるか、何を大切にして生きるか熟考していただきたい。

自分の生き方を振り返り、日本人の美学を失っていないか反省する。

91 礼節を忘れるな

慶應義塾大学の創設者・福澤諭吉は「文明とは人の身を安楽にして心を高尚にすることをいうなり。衣食豊かにして人品を貴くすることをいうなり」と述べた。

今、日本人の多くは「今だけ、金だけ、自分だけ」を考えるような生き方になってしまい、高尚どころか下品になり、礼節さえも忘れてしまっている。

私は小さいときから母親に「人に後ろ指をさされるようなことはするな」と教えられ、また親戚のおじさんからは「本家の跡取りなんだから先祖の顔に泥を塗るようなことはするな」と戒められてきた。

欧米の文化に対し、日本は恥の文化といわれてきた。しかし、今や廉恥心を失い、日本人の美徳の柱であった「奥ゆかしさ」まで消えつつあると語る識者が多い。人のあり方はその人の振る舞いや他人に関わる態度に表れて出てくる。

われわれは少なくとも自分の分を心得、謙虚に礼節ある行動を心がけ、人から辱めを受けるようなことはしないように、生きていきたいものである。

私は昭和の時代に、企業で青春時代を過ごした人間である。この頃の上司の中には戦前の教育を受けた部課長がまだまだ多くおり、「企業美学」や強くて美しいビジネスマンのあり方を教わった。現代のような倫理規定の「あれをやってはいけない」「これをやってはいけない」等の項目とは異なり「損なことでもやらなくてはならないことがあり、不快なことでもやるべきことがある」といった内容のものであった。

謙虚に礼節ある行動を心がけて生きる。

92 人としてのあり方を重視せよ

日本人の先達企業家たちは東洋思想から人としてのあり方や経営者としての判断基準を学んだ。たとえば儒教からは「仁・義・礼・智・信」さらには「忠・孝」の七つを学んだ。

したがって大切なお客様や取引先には忠の心を持って孝で尽くした。

いくら儲け話が転がり込んできても、自分が名誉な話を持ち掛けられても、これは「義にかなっているか」と判断し意思決定した。決して損得勘定や快・不快感情で物事をすることはなかった。

仁とは思いやり、義とは正義、礼は礼節であり、智とは知恵・工夫、信とは信頼であり、忠とは誠を尽くすこと、孝とは目上の人を大事にすることと、先輩の経営者や管理者から徹底して叩き込まれてきた。

現在では首にぶら下げた身分証明カードの裏に倫理規定十か条などが書き込まれ、コンプライアンスだなどと盛んにいわれているが、これなどは先達企業家に言わせれば「義」の一文字で済まされるということになる。

昔の日本人は、高い自律心を持ち合わせていた。「人間とはかくあるべし」「経営者とはかくあるべし」「管理者とはかくあるべし」という行動の美学や精神文化を持っていた。

読者の皆さんも、日々、朝夕に自分に対して「かくあるべし」を言い聞かせ、部下に対して一日三回は「かくあるべし」を説いてほしい。これにより、美学を持った経営者・管理者として尊敬され続けるに違いない。そのために私の周りの企業家の中には、中国古典を手元に置いて学び続けている人が多い。

人間とは、経営者とは、管理者とは「かくあるべし」を自分で考え、それを貫く。

93

武士道を実践せよ

日本の経営者やビジネスマンのロングセラー『武士道』は、新渡戸稲造が明治三十三年、『ザ・ソウル・オブ・ジャパン』（日本では「武士道」と訳された）として英語で書き、ドイツ語、ポーランド語、ノルウェー語などに訳されて出版され世界的なベストセラーとなっている。

アメリカのルーズベルト大統領が感動して皆に配り、それ以来ルーズベルトはすっかり日本びいきになっていた。日露戦争の調停を頼まれたときルーズベルトは「私は貴国のことはよく知らないが『武士道』は知っている。あの崇高にして偉大な精神文化を築いた国なら及ばずながら協力したい」と快く引き受けたという。

新渡戸稲造は「武士道は日本の象徴である桜花と同じように日本の国土に咲く固有の華である。それは我が国の歴史の標本室に保存されているような古めかしい道徳ではない」

「今なお力と美を対象として私たちの心の中に生きている。たとえ具体的な形を取らなくとも、道徳的な薫りを周りに漂わせ私たちを今なお惹きつけ強い影響下にあることを教えてくれる」と述べた。

武士道の精神は一言でいえば「高き身分の者に伴う義務」である。現在の日本では武士道精神はともするど歴史の標本室に保存されてしまっている。だからこそ経営者や管理者の皆さんは高き身分の者に伴う義務として武士道精神を学び、実践し、身につけてほしい。

武士は自らを律し、正義をモットーとして利欲に走らず、約束したことは命がけで守り、不正は死をもってあがなっていた。われわれもこの武士のあり方のうちの一つでも二つでも実践し身につけたい。

「武士道」を経営者・管理者の精神として学び、実践する。

94 行動の美学を考えよ

人間、どう行動することが最も美しいかという美意識は経営者・管理者として忘れてはならない要素である。武士の持っていた美学、つまり武士道こそが日本人として世界に誇るべき精神であり、こうした行動の美学はどう時代が変わってもどの社会においても受け入れられるはずである。

歴史小説家の司馬遼太郎は「戦国から幕末までの日本人は『人間というのはどう行動すれば美しいのか』ということばかり考えてきた」と語っている。「人間はどう行動すれば美しいか」であって「どう行動すれば成功するか」ではなかったはずである。

読者の皆さんもどうしたら成功するかを日々追うのではなく、どう行動すれば美しいのか、「行動の美学」を考えて日々を生きてほしい。

司馬遼太郎は「聖人は成敗利潤を問わず」という言葉通りの、すなわち成功や失敗、また儲かるとか損をするといった利害打算とは関係なく自らの志に生きた人物を描きだしている。彼が描いた美意識を貫いた男たちには、坂本龍馬、吉田松陰、高杉晋作、大村益次郎、河井継之助などがいる。

「聖人は成敗利潤を問わず」という言葉をビジネスの中で実践することは難しいことと思われるが、それだけにそこに向かって努力精進することは、人間力を磨くために大いに役立つことだろう。

振り返ってみると昭和・平成の企業家の中でもソニーの創業者・井深大、そしてオムロンの立石一真、リコー三愛グループの市村清、また宝塚を創った阪急電鉄の小林一三など歴史に名を刻む経営者たちは、行動の美学を追究してきた人物である。

私たち経営者・管理者は単に目先の業績を上げ、評価を受けるだけでなく、後世で語られるような「行動の美学」を残したいものである。

どう行動すれば美しいかを考え、追究する。

95 卑怯なまねは絶対にするな

武士道の基本的な精神の一つにフェアプレーの精神が挙げられている。不正をしたり卑怯な行動をしたりすることを禁じ、死さえも恐れず正義を貫く精神である。武士は人々から「卑怯者」「臆病者」とレッテルを張られることを最も嫌った。

今でも不正を犯した経営者でさえ、卑怯者と罵られることを非常に嫌っている。われわれ日本人のビジネスマンには卑怯者という言葉を嫌う血が流れている。倫理規定やコンプライアンス問題をこと細かに論議する暇があったら「卑怯なまねはするな」のひとことを何よりも大切にする社風・風土、組織集団の価値観を形成すればよいはずだ。

私は子どもの頃「大勢で一人をいじめてはいけない」「女の子に手をあげてはいけない」などと厳しく言われた。「それはなぜですか」と問うと「それは卑怯者のすることだ」と一喝で済まされた。

耐震建築物を造るにあたって、天井の裏だから、壁の中だから、床の下だから見えないだろうと偽った不祥事が表面化したが、まさに「卑怯なまねはするな」と怒声を浴びせてやりたい。

読者の皆さんもビジネスにおいて、職場の人間関係において、お客様や地域社会との関わりにおいて、卑怯なまねだけは避けてほしい。

経営道に集う企業家たちは常に「道を求め、道を極めよう」としている。論語の教えにあるように、まさに「財を生ずるに大道あり」であり、正しい道を歩み、道を踏み外してしまうようなことを戒めている。

目先にメリットをぶら下げられても、「利を見ては義を思え」と、それが義にかなっているか思い返し、克己心を持って戦う姿こそが美しいものである。

利益に目をくらまされず、克己心を持って正しい道を歩む。

96 天を意識せよ

天を敬い、人を愛することを生活信条の中心において無私無欲の信念を貫いたのは西郷隆盛である。「敬天愛人」はあまりにも有名であるが、西郷が意識したのは常に天であり、天に対して恥じない行動をすることであった。「人を相手にせず、天を相手にして己に尽くし、人を咎めず我が誠の足らざるを尋ぬべし」と訴えている。

天を意識するということは目に見えない絶対者への恐れであり、それが彼の内なる道徳律の根本となっている。天とは神であり仏であり、また先祖である。こうした目に見えない存在を意識して生活することを読者の皆さんにもおすすめしたい。お客様を偽ることはできても、社会を偽ることもできても、天を偽ることだけはできない。

私は千二百日行中に、奈良県十津川村の玉置神社で一か月の雪中の行をしたことがある。そのときは宮司である伊豆義清（いずよしきよ）さんとともに朝夕の神への儀式を行っていた。伊豆宮司は本当に目の前に神が見えているかのように振る舞う人であった。伊豆宮司が私に語った言葉が今でも頭に残っている。

「私は常にどうすることが神がお喜びになるか考えあぐね、悩んでいます。どんなときも神道にはずれることはないか考えながら行動しています」「毎日毎日寝る前に一日を振り返って、今日一日神の御心に添えなかったことはないか反省します。そして添えなかったと思う日は深く懺悔して明日に備えるのです」

私たちはビジネスの中に生きているから、「お客様は自分に何を期待しているか」「どうしたらお客様が喜ぶか」「お客様に快く思われるためにどうしたらいいか」と考えている。しかしときには「お客様」の部分を「神」と入れ替えて、「神は私に何を期待しているのだろうか」「神は私にどう行動せよとおっしゃっておられるか」「どうしたら神はお喜びになり、満足されるだろうか」「神によく思われるためにはどうしたらいいのだろうか」と考えてはどうか。それは敬天への第一歩である。

神は自分に何を期待しているかを考えてみる。

97 自己を慎め

私が一橋大学名誉教授の故山城章先生に師事していた頃、山城先生の名代として財界の大物のところに発起人依頼などのお使いをしていたことがある。

日本鉱業の社長であった庭野正之助氏のところに伺ったときのことだ。まさに座右の銘として大きな額に入れて「慎独」という文字が掲げてあった。

若かりし頃の私が「これはどういう意味ですか」と尋ねると、庭野氏はにこっと笑って「独りでいるときもおならはしない、ということだよ」とさらりと言ってのけた。つまり人が見ていようが見ていまいが、克己心を保ち己を律するということだ。やはり大物財界人になる人は違う、と思った瞬間である。

人の上に立つものは、自己を慎み品行を正しくして、ぜいたくを戒め、倹約に努め、職務に努力して、人々の見本とならねばならない。他の人々がその活動ぶりをみて「大変だな」「お気の毒だな」と思うようでなくてはならない。経営者・管理者として上に立つ者は自分の身を厳しく慎み、その活動や生き方を部下たちが見て「あんなに頑張っているのか」と感心・感動するくらいでないと人はついてこない。

読者の皆さんも今日からたった一つのことでいいので、自己を慎むことを決め、実践していっていただきたい。

部下の見本になるような振る舞いを一人でいるときも心がける。

人が見ていようが見ていまいが、たった一人のときも振る舞いを慎んでいるということは、よほど修練し自己管理力を身につけていないと難しい。

そのため私などは今でも冬に三週間、夏は二週間、山に籠もり一日三回の滝行、護摩行を行っている。そうしないと安易な生活に堕落して克己心が弱まり慎独できなくなるからだ。

98 子孫に美田を残すな

昔から立派な人物は「子孫のためには美田を残してはならない」と心がけた。子孫のために財産を残すと、安楽な生活に慣れてしまうので、彼らのためにならないという意味である。

私の近くにも、おじいさんから受け継いだ高級住宅に住み、遺産としてもらった株を売って安楽な生活をしている人間がいるが、あまり人間としての魅力を感じない。彼のもとには、彼の持つ財産を目当てに集う人は多いが、彼の人間的魅力によって集っている人がいるようには思えない。

やはり人は苦しい経験を積んで強い意志を養い、誠を尽くしてすべての活動を行い、変な策謀を用いないで、堂々と生きたいものである。まさに自分だけでなく子孫の繁栄のためにも、こうした武士道的な生き方を継承していきたいものである。

子孫に美田を残しても、少し長い目で見ればろくなことはない。企業の中でも素晴らしい技術で特許を取得し、その特許のおかげで何年も利益を出してきたが、それに甘えていたために特許が切れたとたんに業績が悪化し、間もなく倒産したという例もある。

乱気流の中を飛び続けているパイロットは腕がいいという。日本海の荒波に揉まれる船頭の方が船を操るのが上手だといわれる。企業内に大きな美田を残し、ぬるま湯的な組織風土をいったん形成してしまったら、元に戻すのは大変である。

子孫や会社のために財産を残そうとしない。

99 「無欲」を目指せ

幕末に山岡鉄舟という武士がいた。その鉄舟のことを「命もいらず、名もいらず、官位もいらず、金もいらぬという人は始末に困る」と西郷隆盛が言った。

山岡は「ただ無欲というだけでなく、日々道を行っており、正しい道を歩き続けているから自信があり何もいらないというのである」。鉄舟の剣の流儀は無刀流といわれたが「無刀とは心の外に刀なきあり　本来無一物なるが故に敵と相対するとき前に敵なく後ろに敵なく刀によらずして心をもって心を打つ　これを無刀という」としている。

本来無一物とは「人間は生まれたときも死ぬときも裸じゃないか。所有欲があるから悩むのである」「もともと何もないと思えば、悩まない」「地位や名誉や財産への執着をなくすことである。『利欲』に迷うのは愚かなことである」と語っている。山岡鉄舟の言葉には重みがある。

日常のマネジメントの中では、なかなか欲を捨て正しい道だけを追い求めて生きるということは難しい。しかし、こういう人間もいたということは参考にしていただきたい。

ここに鉄舟訓を示してみるので、読者の皆さんも実践してみてほしい。

「嘘をつくな」

「人の恩を忘れるな」

「神仏と年長者を粗末にするな」

「自分の欲していないことを人に求めるな」

「何事につけても人の不幸を喜んではならない」

「他人のことを考えないで自分に都合のよいことばかりをしてはならない」

「ことさらおしゃれをしたり上辺を繕うのはわが心に濁りあることと思え」

（山岡鉄舟修身二十則より一部選）

正しい道を歩む努力をし、欲を捨てる。

１００ 気概を持て

自己を確立しようとするとき、大切なことは「かくあるべし」という意志の力であり、強い自律心である。意志とはやる気（熱意）でもあり、これが高じたものを気概という。「尊敬されたい」「立派な人になりたい」「世のため人のために尽くしたい」と思っているだけでは何も成就しない。そのことを成し遂げようとする強い意志と行動力が伴っていなければならない。

武士道ではやる気を気概に昇華させ、侍の本分である「ひとたび承諾すれば、命がけで約束を守り」「他者に対する情を持ち」「滅私奉公する」という精神を育成した。これらを表す言葉として「男子一諾を重んず」「武士の情け」「滅私奉公」などが生まれている。「滅私奉公」の本来の意味は私心を捨てて公のために尽くす、ということである。私利私欲を捨て、公利公益のため、大義の旗印を掲げ、皆を巻き込んでやり抜くことが大切だ。

この実践の段階で私が最も大切に思っていることは気概である。気概を持っている経営者や管理者は光を放っている。また、磁石が砂鉄を引きつけるように人々の魂を引き付けて離さない。気概を持った人こそが歴史に爪痕を残すような大成をなす。読者の皆さんも自己の気概づくりに日々努力してほしい。気概こそが志を実現する核である。

昔から「有言実行」とか「知行合一」という言葉がある。しかし、考え方・想いとしては立派なことを言うが、なかなか行動が伴わない経営者や管理者がいる。

会議の中で弁舌さわやかに「あるべき論」を語るが、実現し続ける意志と行動力がないために口先だけになり、信用を失っている人をよく見受ける。言ったことを成就させるまでやり続けるには、相当の気概が必要なのである。

自律心と意志力を高め、気概をつくる。

経営道100の教え

発行日　2019年　7月25日　第1刷

Author　市川覚峯

Book Designer　遠藤陽一（DESIGN WORKSHOP JIN,Inc.）

Publication　株式会社ディスカヴァー・トゥエンティワン
〒102-0093　東京都千代田区平河町2-16-1　平河町森タワー11F
TEL　03-3237-8321（代表）　03-3237-8345（営業）
FAX　03-3237-8323
http://www.d21.co.jp

Publisher　干場弓子
Editor　藤田浩芳

Marketing Group
Staff　清水達也　飯田智樹　佐藤昌幸　谷口奈緒美　蛯原昇　安永智洋　古矢薫　鍋田匠伴　佐竹祐哉　梅本翔太　榊原僚　廣内悠理　橋本莉奈　川島理　庄司知世　小木曽礼丈　越野志絵良　佐々木玲奈　高橋雛乃　佐藤淳基　志摩晃司　井上竜之介　小山怜那　斎藤悠人　三角真穂　宮田有利子

Productive Group
Staff　千葉正幸　原典宏　林秀樹　三谷祐一　大山聡子　大竹朝子　堀部直人　林拓馬　松石悠　木下智尋　渡辺基志　安永姫菜　谷中卓

Digital Group
Staff　伊東佑真　岡本典子　三輪真也　西川なつか　高良彰子　牧野類　倉田華　伊藤光太郎　阿奈美佳　早水真吾　榎本貴子　中澤泰宏

Global & Public Relations Group
Staff　郭迪　田中亜紀　杉田彰子　奥田千晶　連苑如　施華琴

Operations & Management & Accounting Group
Staff　小関勝則　松原史与志　山中麻吏　小田孝文　福永友紀　井筒浩　小田木もも　池田望　福田章平　石光まゆ子

Assistant Staff　俵敬子　町田加奈子　丸山香織　井澤徳子　藤井多穂子　藤井かおり　葛目美枝子　伊藤香　鈴木洋子　石橋佐知子　伊藤由美　畑野衣見　宮崎陽子　並木楓　倉次みのり

Proofreader　株式会社 文字工房燦光
DTP　アーティザンカンパニー株式会社
Printing　三省堂印刷株式会社

ISBN978-4-7993-2536-0